Mathématiques

Éducation civique   page 132

Cahier de révisions   page 138

Corrigés   page 148

Index   page 159

Tout Savoir au

CP

Ce livre
appartient à :

Valérian Haubert
8.6 chemin de l'Infante
14 10 Waterloo
Tél. 0 2 387 12 81

Rédigé par des enseignants spécialistes
de chaque discipline :

Français
Marie-José Colcy

Mathématiques
André Mul

Histoire, Géographie, Éducation civique
Christiane et Ambroise Feuillet

Sciences
Marc Antoine
Richard Minguez

HATIER

Mode d'emploi

Ce livre comprend
l'essentiel des connaissances du CP
dans toutes les matières.

Quand utiliser Tout savoir au CP

- Tu as un problème en faisant tes devoirs
- Tu veux réviser avant un contrôle
- Tu as besoin de vérifier tes connaissances dans une matière
  ...c'est le moment d'ouvrir Tout savoir !

Comment utiliser Tout savoir au CP

➤ **Notre conseil**

Pour profiter au mieux de chaque leçon :

- commence par lire très attentivement **le résumé**,
- puis observe **la méthode** qui t'est proposée pour comprendre et savoir faire,
- et enfin, fais **les exercices** par ordre de difficulté pour t'entraîner

➤ **Et surtout n'oublie pas**

- Pendant les vacances, utilise le **cahier de révisions**, avant-dernie chapitre du livre, conçu spécialement pour préparer ton entrée en CE1.
  C'est facile : 10 séances de 5 exercices pour une révision complète de toutes les matières. Tu peux compter une heure de travail par séance et t'organiser pour en faire une par jour.
- Les **corrigés** de tous les exercices se trouvent à la fin du livre.
- Un **index** des mots importants du programme t'indique les page des leçons où ils sont expliqués.

Chaque leçon est traitée sur 2 pages

Le titre
de la leçon

Le résumé
de la leçon

L'objectif
de la leçon

Des exercices variés
à faire directement
sur le livre

numéro
la leçon

Une couleur
par matière

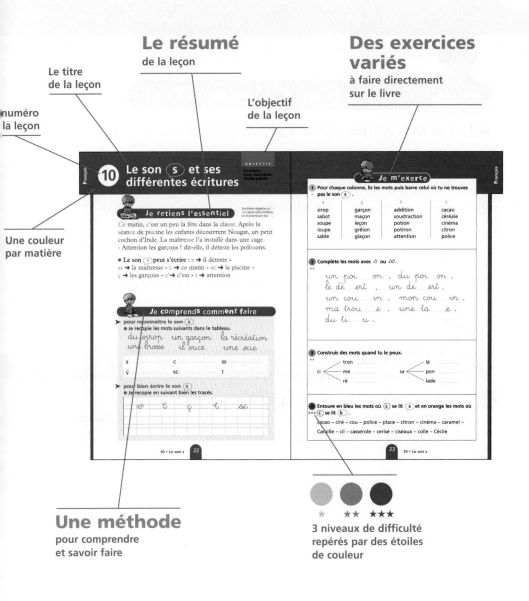

Une méthode
pour comprendre
et savoir faire

★   ★★   ★★★

3 niveaux de difficulté
repérés par des étoiles
de couleur

Mémo pour la prononciation des sons
eçons de lecture-écriture)

ne faut pas confondre le nom de la lettre avec le son qu'elle produit.
ar exemple, nous écrivons l pour dire le nom de la lettre (elle) et (l) pour dire le son de la
ettre (ici, pour produire le bruit propre à cette consonne, le bout de la langue rejoint le palais
uste derrière les dents).

Français · **Mathématiques** · **Histoire** · **Géographie** · **Sciences** · **Éducation civique** · **Révisions** · **Corrigés**

1 Les voyelles

Je retiens l'essentiel

● Il y a 6 voyelles dans l'alphabet : a - e - i - o - u - y

i   Camille est une petite fille brune.
u   Elle se promène sur sa bicyclette.
e   Le vendredi, elle va chez sa petite cousine.
a   Marion va à l'école.
y   Jérémy va au lycée.
o   Pour le goûter, ils mangent du chocolat.

Je comprends comment faire

➤ **pour reconnaître les voyelles**
● Je m'entraîne à écrire les voyelles en recopiant deux mots du texte avec chacune des 6 voyelles.

a ——————   e ——————   i ——————

o ——————   u ——————   y ——————

➤ **pour bien écrire les voyelles**
● Je les recopie en suivant le sens des tracés.

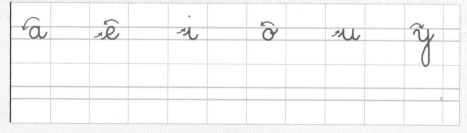

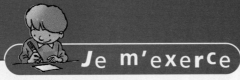

Je m'exerce

1 Dans les mots suivants, entoure :

(a) papa – papi – chocolat – ami – Camille – partir – Marion

(i) livre – lit – tirelire – arrive – joli – iris – ami – petit

(e) pelouse – peluche – pelote – tarte – rouge – fille – bille

(o) vélo – école – auto – loto – homme – mignonne – belote

(u) menu – tortue – lune – jupe – voiture – brune – plume

(y) bicyclette – Yves – lycée – Jérémy – pyjama

2 Entoure (a) en rouge, (i) en orange, (e) en bleu, (o) en violet, (u) en rose, (y) en vert.

a i e d n u y a
e o a i e i v e
i u i a y u o i
m n u a o y i m
o y e a u m u o
d v o y i r v d
u i v u n u a u
y e b u n m a y
d f g e h j s e
t r s g y a g i

3 Comme sur l'exemple, complète les mots écrits en cursive avec *a e i o u y* puis relie chaque mot à son modèle écrit en caractères d'imprimerie.

papi

pelote

jupe

école

Camille

bicyclette

j_pe

papi

Cam_lle

pel_te

écol_

bic_clette

2 La syllabe avec l et r

Je retiens l'essentiel

Les lettres signalées en vert après celles étudiées, ne se prononcent pas.

C'est lundi. Camille part à l'école avec sa grande sœur Marion. Elle a un livre dans son cartable et une petite balle bleue pour jouer dans la cour.

● Le son ⬭ l peut s'écrire :

l	lundi
ll	balle
l'	l'avion

Le son ⬭ r peut s'écrire :

r	cour
	part
rr	beurre

● Je ne confonds par le nom des lettres l (elle) et r (erre) avec le son qu'elles produisent : je vois l j'entends ⬭ l ; je vois r, j'entends ⬭ r .

Je comprends comment faire

➤ **pour composer une syllabe avec les sons ⬭ l et ⬭ a**
● Je fais d'abord chanter le premier petit bruit ⬭ l et j'ajoute le second petit bruit ⬭ a . Ça fait **la**.

● Je m'entraîne à faire chanter ces syllabes :
la - lo - lu - li - al - ol - ul - il - ra - re - ro - ry - ar - or - ur - ir.

➤ **pour écrire une syllabe**
● Je recopie ces syllabes en suivant le sens des tracés.

la	*le*	*li*	*ro*	*re*	*ry*

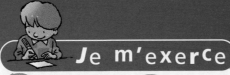

Je m'exerce

1 Entoure tous les (l) puis tous les (r) dans ces mots :

lune – tulipe – lapin – salade – livre – rame – parachute – ruche –

carré – roue – renard – souris – biberon – nuage – plage

2 Pour chaque colonne retrouve puis colorie le mot semblable au mot
entouré.

lune	peur	pile	Marion
dune	par	poire	Marie
lune	pur	pile	Manon
brune	peur	boire	Marion
prune	pour	bile	Martine

3 Dis le nom de ce qui est dessiné, puis, écris l', le ou la
au-dessus du dessin.

4 Complète les phrases avec les mots suivants.

lundi . l'école . cour . livre . balle

C'est _____ .

Camille part à _____ avec sa grande

sœur Marion. Elle a un _____

dans son cartable et une petite

bleue pour jouer dans la _____ .

3 Le son (o) et ses différentes écritures

OBJECTIF

Lire et écrire le son *o* dans ses différentes graphies.

Je retiens l'essentiel

Les lettres signalées en vert après celles étudiées, ne se prononcent pas.

Aujourd'hui, c'est l'anniversaire de Camille. Elle a 6 ans. Camille, Margot et Aurélien vont souffler les bougies. Et les enfants de l'école vont manger un gâteau au chocolat.

● Le son (o) peut s'écrire :

o → chocolat   au → Aurélien   eau → gâteau

Je comprends comment faire

➤ **pour reconnaître les différentes écritures du son (o)**
● Je classe les mots en trois catégories et je les écris dans la bonne colonne.

château – loto – autruche
gâteau – taupe – vélo

o	au	eau

➤ **pour écrire le son (o)**
● Je recopie en suivant le sens des tracés.

o		*au*		*eau*	

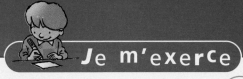

Je m'exerce

1 Colorie la case à l'endroit où tu entends le son to .

★ moto   bateau   château   toboggan

☐☐   ☐☐   ☐☐   ☐☐☐

---

2 Pour chaque colonne, barre le mot qui ne contient pas le son o .

★★

o	au	eau
moto	auto	beau
judo	haut	boue
polo	jeune	peau
robot	autruche	veau
rabot	jaune	gâteau
pâte	taupe	château

---

3 Écris les syllabes dans le bon ordre pour faire un mot (aide-toi du
★★★ dessin pour retrouver ce mot).

teau   gâ   peau   cha

un _____   un _____

peau   pi   bot   ro

un _____   un _____

---

4 Assemble les deux syllabes écrites en rouge pour fabriquer un mot
★★★ nouveau.

Camille   rouge   poli   gâteau

une _____   un _____

4 Les sons (p) et (b)

Je retiens l'essentiel

Les lettres signalées en vert après celles étudiées, ne se prononcent pas.

Camille a mis sa belle robe et son petit chapeau blanc. Papa l'accompagne à Blagnac (aéroport de Toulouse) où elle prendra l'avion pour Paris : c'est son baptême de l'air. Elle va chez sa mamie pour découvrir la capitale de la France.

● Attention à ne pas confondre les sons (p) et (b).

La lettre p s'écrit avec une boule en haut à droite : papa.

La lettre b s'écrit avec une boule en bas à droite : balle.

Je comprends comment faire

➤ **pour distinguer les sons (p) et (b)**

● Je retrouve dans le texte 3 mots avec le son (p) et 3 autres avec le son (b) et je les écris à côté de la bonne lettre.

p ——————————   b ——————————

——————————   ——————————

——————————   ——————————

➤ **pour bien écrire les lettres p et b**

● Je recopie en suivant le sens des tracés.

p   pa   plu   b   bi   bra

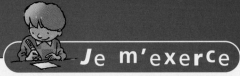

Je m'exerce

1 **Continue à colorier les lettres de chaque son dans sa couleur.**

✶

bl	**pl**	**br**	**pr**
une **bl**ague	un **pl**i	une **br**oche	**pr**oche
blanc	un **pl**an	la **br**ise	une **pr**ise
bleu	il **pl**eut	il **br**oie	une **pr**oie
un **bl**âme	il **pl**ane	**br**une	une **pr**une

2 **Entoure les syllabes** **pa** **po** **pi** .

✶✶

papa – piquer – un parapluie – le potage – une pile – une pipe –

une pilule – poser – un puzzle – empiler – une parole – un pot

3 **Entoure les syllabes** **ba** **bo** **bi** .

✶✶✶

une botte – un ballon – une balle – une bibliothèque – un bolide –

un bureau – un bateau – une banane – une bicyclette – une bille

4 **Continue à écrire chaque mot sur la ligne qui convient.**

✶✶✶

il parle. il est pris. un pré. un pli
il pleure. un porc. blesser. une brise
beau. le bas. bleu. un bras

pl _____   **p** *il parle*   **pr** _____

_____   _____

bl _____   **b** _____   **br** _____

_____   _____

5 Les sons (t) et (d)

Je retiens l'essentiel

Les lettres signalées en vert après celles étudiées, ne se prononcent pas.

Voici le programme des visites de Camille à Paris.
Lundi : visite de l'Hôtel Salé où elle va découvrir la peinture du peintre Picasso.
Mardi : séance de cinéma, « Le Bossu de Notre-Dame ».
Mercredi : les marionnettes à fils du théâtre de Vitry.
Jeudi : journée à Eurodisney.
Vendredi : visite de la tour Eiffel.
Samedi : découverte de la sculpture au musée Rodin.
Dimanche : repas au Mc'Do.

● Attention à ne pas confondre les sons (t) et (d).

Je comprends comment faire

➤ **pour distinguer les sons (t) et (d)**
● Je retrouve dans le texte deux mots avec le son (t) et deux autres avec (d) puis je les range à côté de la bonne lettre.

t _____   d _____

_____

➤ **pour bien écrire les lettres t et d**
● Je recopie en suivant le sens des tracés.

t	ti	tra	d	da	dru

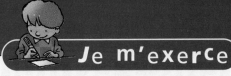

Je m'exerce

1 **Pour chaque son, continue à colorier les lettres.**

★

ⓣ	ⓓ	ⓣ	ⓓ
tôt	le dé	le thé	la douche
tout	dans	tant	une dent
du thon	le doigt	le temps	il doit
un tas	une dent	le toit	un drap
la terre	la date	il tâte	un don
une tente	il donne	il tonne	doux
teindre	il dort	il tord	une dalle

2 **Entoure la syllabe ⓣⓐ en rouge et la syllabe ⓓⓞ en bleu.**

★★ adorer – le tableau – un domino – Natacha – taper – attacher –

étaler – il est doré – docile – une dorade – un tapis – une auto

3 **Entoure les mots où tu lis la lettre d.**

★★

date	corde	dé	radis	mardi	jeudi
patte	dodu	lundi	bête	dimanche	bille
mercredi	dalle	vendredi	balle	dedans	pas

4 **Complète les mots avec t ou d.**

★★★

la __été . une rou__e . same__i .

un ra__is . le cô__é . elle __onne .

__ans . lun__i . un __apis .

une cor__e . une __asse . la __ête .

6 Le son é et ses différentes écritures

Je retiens l'essentiel

Camille et Marion sont invitées pour le goûter chez leur cousin Jérémy. Papa et maman les accompagnent.

● Les lettres en vert ne se prononcent pas : elles sont la marque du féminin-pluriel.

● Le son é peut s'écrire de différentes façons :

é ➜ Jérémy   er ➜ goûter
et ➜ papa et maman   ez ➜ chez
                                        es ➜ les accompagnent

Je comprends comment faire

➤ **pour reconnaître les différentes écritures du son é**
● Je classe les mots suivants en cinq groupes et je les écris.

vélo . nez . des . jouer . elle et lui

é ——————   er —————————   es —————————
et—————————   ez—————————

➤ **pour bien écrire le son é**
● Je recopie en suivant le sens des tracés.

é	es	er	et	ez

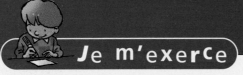

Je m'exerce

1 Colorie chaque case à l'endroit où tu entends le son (té).

★

téléphone   météo   télé   pâté   lutter

☐☐☐   ☐☐☐   ☐☐   ☐☐   ☐☐

---

2 Pour chaque colonne, barre le mot qui ne contient pas le son

★★ indiqué au-dessus.

(é)	(p)	(b)	(é)
Jérémy	papa	bébé	télé
bébé	papi	robe	acheter
chantez	qui	bulle	le nez
pâtes	pile	balle	pâté
purée	pépé	pile	cartable

---

3 Retrouve les mots et écris-les.

★★

bé ●   ● rée

clo ●   ● bé

pu ●   ● pée

vé ●   ● lo

pou ●   ● cher

un clocher

---

4 Continue à recopier les mots avec le son (é) écrit **ez**.

★★★

Chers cousins,

Nous sommes très contentes : vous écrivez beaucoup, vous dessinez très bien. Vous nous racontez des histoires amusantes. On espère que vous viendrez nous voir. Voulez-vous ?

Camille Marion.

vous écrivez

vous

vous

vous

vous

7 Les sons (m) et (n)

Je retiens l'essentiel

Les lettres signalées en vert après celles étudiées, ne se prononcent pas.

Marion est à Grenoble chez son oncle Eric, le frère de maman, pour passer une semaine à la montagne. Elle aide son cousin Guillaume à fabriquer un bonhomme de neige. L'après-midi, il l'emmène sur les pistes. Marion s'imagine être la Reine des neiges sur son traîneau blanc !

● Attention à ne pas confondre les sons (m) et (n).
La lettre m – *m* s'écrit avec 3 cannes vers le bas : maman.
La lettre n – *n* s'écrit avec 2 cannes vers le bas : neige.

Je comprends comment faire

➤ **pour distinguer les sons (m) et (n)**
● Je retrouve dans le texte deux mots avec le son ou les sons indiqués au-dessus de chaque colonne.

m	n	m et n

➤ **pour bien écrire les lettres m et n**
● Je recopie en suivant le sens des tracés.

m	*mi*	*mes*	*n*	*na*	*nei*

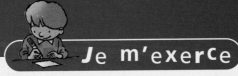

Je m'exerce

1 Continue à compléter chaque mot avec les syllabes *ma* ou *na*.

★

banane . ___tation . ___rine .
to___te . ___man . ___dame .
___rraine . prome___de . ___ger .

2 Assemble les deux syllabes en rouge pour écrire un mot nouveau.

★

mardi   elle joue   Marion   regarde

une _____   une _____

3 Retrouve les mots et écris-les.

★★

u •   • no   *domino*
â •   • to   _____
domi •   • ne   _____
ani •   • mal   _____
mo •   • ne   _____

4 Réponds aux devinettes avec ces mots. Écris-les.

★★★

le nid . la reine . la lune
les larmes . une pomme

a. Elle joue à cache-cache avec le soleil : _____

b. L'oiseau y pond ses œufs : _____

c. C'est la femme du roi : _____

d. C'est un fruit de l'automne : _____

e. Elles coulent quand j'ai de la peine : _____

Français

OBJECTIF

Discrimination
auditive et visuelle
du *ou* et du *on*.

8 Les sons ou et on

Je retiens l'essentiel

Les lettres signalées en
vert après celles étudiées,
ne se prononcent pas.

Dans la cour de récréation, les garçons ont décidé de
jouer au loup. Les filles font semblant d'avoir peur.
– Loup garou, sors donc de ton vilain trou sombre !

● Attention à ne pas confondre les sons ou et on :

ou s'écrit avec o et u (2 cannes vers le haut) : cour.

on s'écrit avec o et n (2 cannes vers le bas) : récréation,
ou encore avec o et m devant m, b ou p : sombre.

Je comprends comment faire

➤ **pour distinguer les sons ou et on**
● Je classe les mots suivants en trois catégories et je les écris.

un bâton   la route   la soupe
une bombe   il tombe   un rond

ou	on	om

➤ **pour bien écrire les sons ou et on**
● Je recopie en suivant le sens des tracés.

ou   le loup   on   la ronde

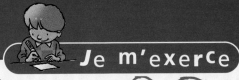

Je m'exerce

1 Entoure les **ou** en rouge et les **on** – **om** en bleu.

★

une poule – une ombre – un kangourou – un hibou – onze –

un pompier – un garçon – la route – un mouton – la télévision –

un poulain – un concombre – le front – un nombre – le loup –

une trompe – un fou – le monde – la foule – un poussin

2 Dans chaque colonne, barre le nom qui ne contient pas le son
★★ indiqué au-dessus.

on	**onne**	**ou**
hérisson	couronne	boule
lion	ronchonne	pompe
colombe	montre	poule
ballon	impressionne	roule
tonne	ronronne	hibou

3 Complète avec : ou – on – om
★★

Jérémy j___e sur s___ balc___ avec une voiture r___ge. Œ___ t à c___ p___ elle t___ be et Jérémy r___chonne.

4 Continue à écrire les mots où le son **on** s'écrit ons.
★★★

Tous les jours en classe, nous lisons, nous comptons, nous chantons. Après la récréation, nous dessinons. Le soir, nous rentrons à la maison.

nous lisons

nous _____

nous _____

nous _____

nous _____

9 Le son è et ses différentes écritures

OBJECTIF

Lire et écrire le son è dans ses différentes graphies.

Je retiens l'essentiel

Les lettres signalées en vert après celles étudiées, ne se prononcent pas.

C'est l'hiver, Noël ! Dehors, il neige. Marion lit une histoire de vilaine sorcière. Elle s'installe près de la fenêtre avec la chienne Cannelle. Puis, elle dresse le couvert : assiettes, verres, fourchettes, cuillères, sel… et un bouquet !

● Le son è peut s'écrire : è - ai - ei - et - est - ë - ê
ou bien e :
devant une consonne placée en fin de mots → l'hiver,
ou devant une double consonne → Cannelle.

Je comprends comment faire

➤ **pour reconnaître les différentes écritures du son è .**
● Je retrouve dans le texte des mots avec le son è et je les range à côté de la bonne écriture.

è ———	ê ———	ai ———
ei ———	ec ———	elle ———
er ———	ette ———	et ———

➤ **pour bien écrire le son è**
● Je recopie en suivant le sens des tracés.

	è	ê	ai	ei	ë

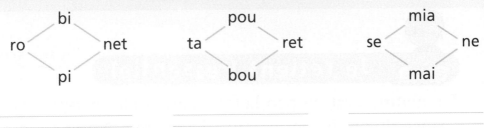

Je m'exerce

1 Choisis les bonnes syllabes pour construire un mot.

bi
ro ⟍⟋ net
pi

pou
ta ⟍⟋ ret
bou

mia
se ⟍⟋ ne
mai

_____   _____   _____

2 Pour chaque colonne, barre le mot où le son è ne s'écrit pas comme indiqué au-dessus.

è	ê	ei	ai
père	fête	neige	balai
élève	chêne	laine	baleine
neige	mère	reine	lait
sorcière	rêve	veine	laid

3 Écris est ou et après avoir lu les phrases.

Papa _____ maman font les courses.

Camille _____ la petite sœur de Marion.

La sorcière _____ vilaine.

Camille _____ Marion dressent le couvert.

4 Écris ce qui convient ai – ei – ê – è – et – pour compléter chaque mot.

La n____ge tombe dans la for__t. Je rentre à la m____son. Ma

m__re a mal à la t__te ____ mon p__re lui donne un cach__.

5 Lis les noms et les prénoms puis continue à complèter avec les mots
cher ou chère.

cher papa.   _____ Camille.   _____ Aurélien.

chère maman.   _____ papi.   _____ Marion.

10 Le son ⟨ s ⟩ et ses différentes écritures

Je retiens l'essentiel

Les lettres signalées en vert après celles étudiées, ne se prononcent pas.

Ce matin, c'est un peu la fête dans la classe. Après la séance de piscine les enfants découvrent Nougat, un petit cochon d'Inde. La maîtresse l'a installé dans une cage.
- Attention les garçons ! dit-elle, il déteste les polissons.

● Le son ⟨ s ⟩ peut s'écrire :

s → il déteste - ss → la maîtresse

c → ce matin - sc → la piscine

ç → les garçons - c' → c'est - t → attention

Je comprends comment faire

➤ **pour reconnaître le son ⟨ s ⟩**

● Je recopie les mots suivants dans le tableau.

du sirop   un garçon   la récréation
une brosse   il suce   une scie

s		c		ss	
ç		sc		t	

➤ **pour bien écrire le son ⟨ s ⟩**

● Je recopie en suivant bien les tracés.

	s	c	ç	t	sc	

Je m'exerce

1 Pour chaque colonne, lis les mots puis barre celui où tu ne trouves
★ pas le son **s**.

s	ç	t	c
sirop	garçon	addition	cacao
sabot	maçon	soustraction	céréale
soupe	leçon	potion	cinéma
loupe	grêlon	potiron	citron
sable	glaçon	attention	police

2 Complète les mots avec s ou ss.
★★

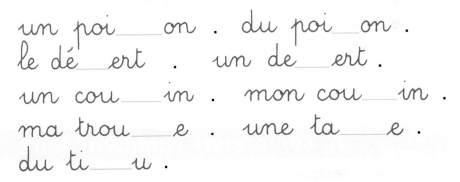

un poi___on . du poi___on .
le dé___ert . un de___ert .
un cou___in . mon cou___in .
ma trou___e . une ta___e .
du ti___u .

3 Construis des mots quand tu le peux.
★★

ci ⟨ tron _____
    me _____
    ré _____

sa ⟨ lé _____
    pon _____
    lade _____

4 Entoure en bleu les mots où **c** se lit **s** et en orange les mots où
★★★ **c** se lit **k**.

cacao – ciré – cou – police – place – citron – cinéma – caramel –

Camille – cil – casserole – cerise – ciseaux – colle – Cécile

11 Le son (e) et ses différentes écritures

Je retiens l'essentiel

Les lettres signalées en vert après celles étudiées, ne se prononcent pas.

C'est jeudi. Dehors, il pleut.
Camille est malheureuse car sa grande sœur est aux sports d'hiver. « Me voilà toute seule » pense-t-elle, le cœur gros. Mais maman arrive et la console.

- Le son (e) peut s'écrire :

e → dehors
eu → jeudi
œu → ma sœur

- La lettre e est muette à la fin des mots :

→ Camille
→ elle arrive

Je comprends comment faire

➤ **pour reconnaître le son (e)**

● Je classe les mots suivants dans le tableau.

ma sœur   mercredi   jeudi   vendredi   heureux   un chanteur

e ———	eu ———	eur ———
———	eux ———	œu ———

➤ **pour bien écrire le son (e)**

● Je recopie en suivant le sens des tracés.

e	eu	eur	eux	œu

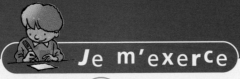

Je m'exerCe

1 Colorie la case où j'entends ⟨ e ⟩.

★

couleuvre
☐☐☐☐☐☐

nœud
☐☐☐

bleu
☐☐☐

docteur
☐☐☐☐☐☐

2 Remets les syllabes en ordre pour écrire les mots.

★★

di

jeu

teur

domp

hors

de

_____   _____   _____

3 Sépare les mots et écris-les.

★★★

cheveuxdeuxcœurbleuCamillefleur

_____

_____

4 Écris les mots au féminin en remplaçant eux par euse.

★★★

heureux   *heureuse*   joyeux   _____

courageux   _____   paresseux   _____

frileux   _____   merveilleux   _____

malheureux   _____   lumineux   _____

peureux   _____   amoureux   _____

12 Les sons f et v

Je retiens l'essentiel

Marion prépare un clafoutis aux pommes avec la recette de son cousin Philippe. Voici la liste des ingrédients :
– des pommes
– un œuf
– du sucre
– de la farine

– du lait
– de la cannelle et du sel
– un sachet de sucre vanillé
– du beurre

● Attention à ne pas confondre les sons f et v .

● Le son f peut aussi s'écrire de deux façons :
f → faire   ph → photo

Je comprends comment faire

▶ **pour reconnaître les sons f et v**
● Je retrouve dans le texte des mots avec le son f puis avec le son v et je les écris à côté des bonnes lettres.

f ———————   ph ———————   v ———————
———————   v ———————   ———————

▶ **pour bien écrire les sons f et v**
● Je recopie en suivant le sens des tracés.

v   vr   f   fl   ph

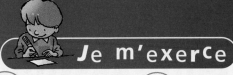

Je m'exerce

1 Entoure le son (f) en bleu et le son (v) en rouge.

★ B   v   ph   f   u   n   v   v   F   ph   v   V   n   f   V   F ph.

---

2 Complète les mots avec la bonne syllabe.

★

fé ? vé   vo ? pho   fe ? ve

un   lo   une   to   une gira

---

3 Assemble les syllabes en rouge pour écrire un mot nouveau.

★★ la **fri**ture   des assi**ettes**   une **vi**père   un **livre**

des _____   _____

---

4 Réponds aux devinettes avec ces mots. Écris-les.

★★★ la pharmacie . ville . la farine . neuf .
le veau . le vent . le coiffeur .

a. Le petit de la vache : _____

b. Endroit où on achète les médicaments : _____

c. Poudre blanche utilisée pour faire les gâteaux : _____

d. Paris est une : _____

e. Chiffre placé avant 10 : _____

f. Il me coupe les cheveux : _____

g. Quand il souffle, tout s'envole : _____

Français

13 Le son (k) et ses différentes écritures

Je retiens l'essentiel

Les lettres signalées en vert après celles étudiées, ne se prononcent pas.

Résumé d'une sortie au cirque : quelques enfants ont été maquillés. Puis les clowns ont joué du saxophone. Et le clown Boris a montré comment manger son képi !
(à suivre)

- Le son (k) s'écrit :
c → le clown - qu → le cirque - k → le képi.

- La lettre c se lit (k) devant a, o, u → comment et devant r, l → croquer, claques.

- Le son (k) se trouve aussi dans la lettre x qui se lit (ks) comme dans saxophone.

Je comprends comment faire

➤ **pour reconnaître le son (k)**
● Je retrouve dans le texte des mots avec le son (k) et je les écris à côté de la bonne lettre.

c	qu	k
		x

➤ **pour écrire le son (k)**
● Je recopie en suivant le sens des tracés.

c	qu	k	x

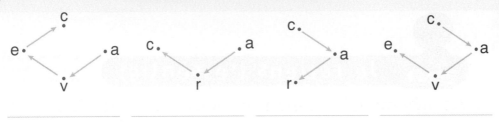

Je m'exerce

1 Observe le sens des flèches et écris les mots.

★

```
        c                              c.              c.              c.
  e•        •a        c.       •a            •a     e•        •a
        v              r                r•               v
```

_____ _____ _____ _____

2 Colorie la case à l'endroit où tu entends le son (k).

★★

un crocodile   du ketchup   un kangourou

☐☐☐   ☐☐   ☐☐☐

3 Continue à relier les mots aux bonnes lettres.

★★

quinze   un képi

une couronne ⎯⎯⎯⎯   c   le ski

un sac   un crocodile

un kimono   qu   une carotte

un disque   un crabe

une claque   k   un cartable

4 Continue à mettre une croix dans la case qui convient pour former

★★★ un mot.

↱	cre	table	que	tre	pi
car		✗			
cir					
su					
qua					
ké					

14 Le son z et ses différentes écritures

Je retiens l'essentiel

Les lettres signalées en vert après celles étudiées, ne se prononcent pas.

L'après-midi, les trapézistes nous ont montré leurs exercices. Ils se lancent dans les airs et font des sauts périlleux. Tous rivalisent d'adresse. Pour le goûter, les dompteurs José et Zoé nous ont présenté leurs singes qui ont sorti de leur panier des glaces à la fraise !

● Le son z peut s'écrire :
s → la fraise   z → un trapèze

● Entre deux voyelles, la lettre s se lit z.

● Le son z se trouve aussi dans la lettre x qui se lit gz comme dans des exercices.

Je comprends comment faire

➤ **pour reconnaître le son z**
● Je retrouve dans le texte des mots avec le son z et je les range à côté de la bonne lettre.

s	z	x

➤ **pour écrire le son z**
● Je recopie en suivant le sens des tracés.

z	José	les fraises	trapèze

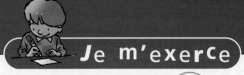

Je m'exerce

1 Colorie la case à l'endroit où tu entends ⟨ z ⟩.

★ un trapéziste   la télévision   quatorzième   du mimosa

▢▢▢   ▢▢▢▢   ▢▢▢   ▢▢▢

---

2 Complète les mots avec la lettre z puis lis-les.

★★ dou＿e   ＿orro   ＿éro   un ＿èbre   le ga＿on.

---

3 Pour chaque colonne, lis les mots et barre celui qui n'a pas le son
★★ indiqué au-dessus.

z	z	s
une maison	douze	une sorcière
un oiseau	onze	une source
un spectacle	quinze	une souris
la musique	rouge	une chemise
une chemise	treize	une salade

---

4 Classe les mots dans le tableau.

★★★ *zorro oiseau chez cousin coussin sucre*
nez douze poisson allez zèbre

	j'entends ⟨ z ⟩	je n'entends pas ⟨ z ⟩
je vois z		
je ne vois pas z		

Français

15 Le son *an* et ses différentes écritures

OBJECTIF
Lire et écrire
le son *an* dans ses
différentes graphies.

Je retiens l'essentiel

Les lettres signalées en vert après celles étudiées, ne se prononcent pas.

C'est dimanche, il fait un temps splendide.
Camille visite le château de Versailles. Elle commence par les grands appartements et admire la chambre de la reine. Un moment plus tard, elle se rend au grand et au petit Trianons. Puis, elle termine sa visite par une promenade au hameau de la reine.
Camille est tellement contente qu'elle voudrait visiter les petits appartements et la chambre du roi.

● Le son (an) s'écrit :
an ➜ dimanche
en ➜ contente

● Devant m, b et p,
la lettre n devient m :
am ➜ chambre
em ➜ temps

Je comprends comment faire

➤ **pour reconnaître le son (an)**
● Je choisis des mots dans le texte pour les écrire à côté des bonnes lettres.

an ———————— en ———————— em ————
———————————— am ————

➤ **pour écrire le son (an)**
● Je recopie les mots.

maman chambre le temps embrasser

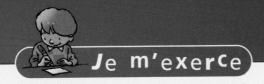

Je m'exerce

1 **Colorie les an – am en rouge et les en – em en bleu.**

★

maman – une enveloppe – un enfant – la température –

une jambe – un banc – le ventre – un éléphant – décembre –

un tambour – une chambre – un serpent – elle emmène –

un toboggan – une jument – un an – le vent – le temps

2 **Sépare les mots et écris-les.**

★★

mamanjambonnovembrepantalonendiveenfant

_____   _____   _____

_____   _____   _____

3 **Complète avec an ou on.**

★★★

un ball____ – elle d____se – elle ch____te – du sav____ –

un p____tal____ – une or____ge – un p____t – un r____d

4 **Écris la réponse aux devinettes avec ces mots.**

★★★

enveloppe   éléphant   gants   médicaments

a. Je les enfile pour protéger mes mains : _____

b. J'en prends lorsque je suis malade : _____

c. Il a des défenses et une trompe : _____

d. Je glisse mon courrier dedans : _____

OBJECTIF

Discrimination
auditive et visuelle
des sons *j* et *ch*.

16 Les sons (ch) et (j)

Je retiens l'essentiel

Les lettres signalées en vert après celles étudiées, ne se prononcent pas.

Aujourd'hui, Camille va chez le coiffeur. On lui met un joli peignoir puis Jacques lui fait un massage du cuir chevelu avec de l'argile jaune. Charlotte, une gentille coiffeuse, lui égalise la frange. Après le séchage, les cheveux de Camille sont beaux et doux.

● Attention à ne pas confondre les sons (ch) et (j).

Le son (ch) s'écrit : ch → les cheveux.

Le son (j) peut s'écrire : j → joli ou g → rouge.

La consonne g se lit (j) devant i et e → argile - frange.

Je comprends comment faire

➤ **pour distinguer les sons (ch) et (j)**
● Je choisis des mots du texte et je les range dans 3 colonnes.

ch	j	g

➤ **pour bien écrire les sons (ch) et (j)**
● Je recopie les mots.

charlotte   aujourd'hui   orange

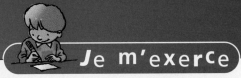

Je m'exerce

1 Colorie les ch en rouge et les j – g en bleu.

la classe – un habit – la chasse – la joue – un chou – je mange – une girafe – une chatte – la marge – un cageot – Julie – une chose – un pigeon – une cage – un hibou – la clinique – une chanson – un chapeau – un magicien – un bijou – un chaton

2 Complète les mots avec la bonne syllabe.

un _____ meau   une _____ rafe   la _____ sse   une clo_____

3 Remets les syllabes dans l'ordre pour écrire un mot.

be jam   geon pi   char é pe   ta che mous

_____   _____   _____   _____

4 Écris la réponse aux devinettes avec ces mots.

mouche   bouche   joues   girafe   chat   nuage

a. Il chasse les oiseaux et les souris : _____

b. Mon cou touche presque les nuages : _____

c. Je me promène dans le ciel : _____

d. Elle est toute petite, elle vole : _____

e. Avec elle, je mange, je parle, je ris, je pleure : _____

f. Nous sommes de chaque côté du nez : _____

17 Le son g

Je retiens l'essentiel

Les lettres signalées en vert après celles étudiées, ne se prononcent pas.

Guillaume est un grand garçon : c'est aujourd'hui son anniversaire. Il va choisir une guitare et regarde le catalogue. Il se décide pour une guitare classique et lorsqu'il quitte le magasin, il fait des zigzags de joie !

Le son (g) peut s'écrire :
g → un garçon,
gu devant i, e, é → une guitare, une vague.

Je comprends comment faire

➤ **pour reconnaître le son (g)**

● Je classe les mots suivants dans la colonne du son (g) ou dans celle du son (j).

une gomme   une luge   une girafe
une glace   une orange   une vague

(g) _____   (j) _____

➤ **pour écrire le son (g)**

● Je recopie les mots.

un gâteau   un guépard   une guitare

Je m'exerce

1 Colorie la case où tu entends **g** .

★ guitare   gâteau   figure   langue   dragon

☐☐☐   ☐☐   ☐☐☐   ☐☐   ☐☐

2 Sépare les mots puis écris-les.

★★ glacecravatééglisetigregrimacegrappe

_____   _____   _____

_____   _____   _____

3 Complète les mots avec la bonne syllabe.

★★

| que | gue |

| car | gar |

| gi | gui |

une ba_____   _re _____der   une _____rlande

4 Retrouve le mot et écris-le.

★★★

ro pi gue   fi re gu   lo gue ca ta

_____   _____   _____

5 Complète avec *g* ou *gu* pour faire le son **g** .

★★★

un escar_ot . une _lace . une va_e .

une mar_erite . les ba_ages .

le _idon . un ci_are .

une ba_e . du mu_et .

Je retiens l'essentiel

Les lettres signalées en vert après celles étudiées, ne se prononcent pas.

C'est lundi. Ce matin, il y a un parfum de printemps dans la nature. Avec son cousin Benjamin, Camille prend le train pour Paris puis le métro jusqu'au musée Auguste Rodin. Dans les jardins, ils découvrent des statues en bronze de l'artiste. À l'intérieur du musée, ils admirent d'autres sculptures et quelques tableaux de peintres impressionnistes. À la fin de la visite, Benjamin offre le goûter à Camille qui a une faim de loup.

● Le son in peut s'écrire de différentes façons :

in	→ le matin	en	→	Benjamin
im	→ les impressionnistes	un	→	lundi
ein	→ un peintre	um	→	du parfum
ain	→ un train	aim	→	la faim

Je comprends comment faire

➤ pour écrire le son in
● Je recopie les syllabes et les mots.

in   im   ain   ein   aim   en

un   um   du parfum

ce matin   un peintre   un écrivain

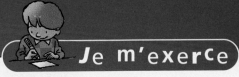

Je m'exerce

1 Sépare les mots et écris-les.

★

lapintrainpeinturefaimtimbremine

_____   _____   _____

_____   _____   _____

2 Colorie les bonnes cases pour former un mot puis écris-le.

★★

sa   pein   bain   tu   re   _____

co   mou   pa   pain   mer   _____

par   main   fum   frein   _____

3 Complète les mots avec les bonnes syllabes du cadre.

★★

pin	pein	
main	sin	cin
tim	fum	prin
cein	vain	

un écri_____   _____tenant

un la_____   une _____ture

mon cou_____   le méde_____

un _____bre   une _____cesse

la _____ture   du par_____

4 Classe les mots suivants dans le tableau.

★★★ la fontaine – le matin – ma cousine – le bain – du pain – la peinture – du parfum – la ceinture – lundi – le marin – la laine – la peine – la lune

	j'entends (in	je n'entends pas (in
je vois **in**		
je vois **ain**		
je vois **ein**		
je vois **un** ou **um**		

Français

19 Les sons oi et oin

Je retiens l'essentiel

Les lettres signalées en vert après celles étudiées, ne se prononcent pas.

La maîtresse commande un dessin à ses élèves :
« Avec la pointe de votre crayon, dessinez avec soin :
– au centre de votre feuille, trois poissons rouges avec des points noirs ;
– au-dessous d'eux, des vagues formées par des pointillés ;
– au-dessus des trois poissons, une étoile ;
– dans le coin en haut à gauche de la page, un oiseau jaune et bleu. »

● Le son (oi) s'écrit :

oi → trois

● Le son (oin) s'écrit :

oin → une pointe

Je comprends comment faire

➤ **pour reconnaître les sons (oi) et (oin)**
● Je lis le texte puis, à mon tour, je dessine.

➤ **pour écrire les sons (oi) et (oin)**
● Je recopie les mots.

une noix   du foin   la balançoire

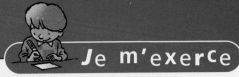

Je m'exerce

1 Colorie les **oi** en bleu et les **oin** en rouge.

★ un doigt – la joie – un point – une étoile – une poire – une croix – loin – le soin – la voiture – le foin – un coin – il aboie – Antoine – Benoît – moins – lointain – un poisson – un violon – une brioche.

2 Sépare les mots puis écris-les.

★★

oiseauboirepoirepointecoinbalançoire

_____   _____   _____

_____   _____   _____

3 Complète avec *oi* ou *oin*.

★★★ un couteau p____tu . une ét____le .
une ard____se . c____cer . un coul____r .
un c____ . les b____s . m____s .

4 Mets une croix dans la case qui convient pour former un mot.

★★★

↱	che	re	ture	lon	te	moire	se
une poi		✗					
un vio							
une poin							
la brio							
une poin							
l'ar							
une ardoi							

20 Le son (gn)

Je retiens l'essentiel

Les lettres signalées en vert après celles étudiées, ne se prononcent pas.

En compagnie de sa mamie, Camille pénètre dans l'Hôtel Salé, rue de Thorigny à Paris : c'est là qu'est installé le musée Picasso. Mamie lui parle du peintre espagnol né à Malaga en Espagne. Puis elles visitent le musée. Les tableaux appelés *les Baigneuses* et *l'Acrobate* plaisent beaucoup à Camille. Elle trouve l'œuvre de Picasso étrange mais magnifique.

● Le son (gn) s'écrit gn.

Je comprends comment faire

➤ **pour reconnaître le son (gn)**

● Je recopie les mots où j'entends (gn) .

la montagne

le linge

un champignon

la campagne

une baignoire

un ange

➤ **pour écrire le son (gn)**

● Je recopie les mots en suivant le sens des tracés.

magnifique   un cygne   la Bretagne

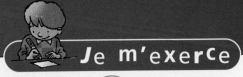

Je m'exerce

1 Colorie la case où tu entends (gn).

★

araignée
☐☐☐☐

magnétophone
☐☐☐☐☐☐

montagne
☐☐☐☐

baignoire
☐☐☐☐

---

2 Sépare les mots puis écris-les.

★★

agneauaraignéechampignonpeignemagnifiquemignon

_____ _____ _____

_____ _____

---

3 Complète avec *gn* ou *n*.

★★★

une cigo___e . un pei___e . la Breta___e.
le pru___ier . un jardi___ier . un cy___e.
une cuisi___ière . un chi___on . un pa___ier.

---

4 Mets une croix dans la case qui convient.

★★★

	je vois g – gu	je vois gn	j'entends g	j'entends gn
la campagne		X		X
une guitare				
une araignée				
une signature				
une compagne				
un guépard				
un cigare				

Français

21 # Le son (ille)

Je retiens l'essentiel

Les lettres signalées en vert après celles étudiées, ne se prononcent pas.

Ce matin, Camille est réveillée par la sonnerie du réveil. Les aiguilles indiquent 9 heures. Elle se frotte les yeux, elle n'a plus sommeil. Le soleil éclaire le ciel. Elle mouille son visage avec de l'eau bien fraîche. Puis, elle prend ses vêtements sur le fauteuil et s'habille. Dans le jardin, les arbres fruitiers sont en fleurs et elle essaye de les reconnaître : pommier, poirier, cerisier...

● Le son (ille) peut s'écrire :

ill → Camille

il → soleil

i → Marion

y → joyeux

Je comprends comment faire

➤ **pour reconnaître le son (ille)**

● Je classe les mots du texte sous les bonnes lettres.

ille	il	i
		y

➤ **pour écrire le son (ille)**

● Je recopie les mots.

marion   noyau   réveil   camille

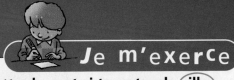

Je m'exerce

1 Entoure l'étiquette du mot si tu entends (ille).

★

| coquillage | fille | ville | balle | bille | pays | soyeux |

2 Pour chaque colonne, lis les mots puis barre l'intrus.

★★

(ille)	(ille)	(ille)	(ille)
pastille	papillon	Marine	bicyclette
jonquille	espadrille	fanion	noyau
lentille	cheville	lion	joyeux
pile	tranquille	avion	yeux

3 Complète les mots avec les syllabes du cadre.

★★

tilles	une che
nille	des pas

4 Trouve les mots en complétant avec *ill* .

★★★

des tena____es . une feu____e . une abe____e .
une grenou____e . gent____e .

5 Complète le texte avec ces mots :

★★★

soleil bicyclette grenouille brouillard feuilles

Je fais de la _____ dans la campagne.

A l'horizon, le _____ se cache et il y a du _____ .

J'entends une _____ qui coasse au milieu des

_____ mortes.

22 Les sons (ié) - (ière) et (ion) - (ien)

OBJECTIF

Lire et écrire
les sons *ié – ière*
et *ion – ien*.

Je retiens l'essentiel

Les lettres signalées en
vert après celles étudiées,
ne se prononcent pas.

Camille, Julien et Marion regardent la télévision, sur la première chaîne. Le programme est varié pendant les vacances de février. Bien installés sur des oreillers de couleurs variées, ils attendent le début d'un film sur les Indiens et les fermiers du Far-west. L'autre émission qu'ils souhaitent regarder est un numéro du magicien Félicien avec une lionne et ses lionceaux dans une volière.

- Le son (ié) s'écrit :

ié → variées

iller → oreillers

ier → février

- Le son (ière) s'écrit : ière

- Le son (ion) s'écrit : ion

- Le son (ien) s'écrit : ien

Je comprends comment faire

▶ **pour reconnaître les sons (ié), (ière), (ion), (ien)**
- J'écris des mots du texte à côté de chaque son :

ié ————————   ière ——————————   ien ——————————
                  ion ——————————

▶ **pour écrire les sons (ié), (ière), (ion), (ien)**
- Je recopie les mots.

pompier   rivière   lion   indien

1 Relie les mots à la bonne étiquette.

télévision ●

magicien ●

dernière ●

avion ●

première ●

| ien |

| ier |

| ion |

| ière |

● sorcière

● Indien

● épicier

● chien

● lion

---

2 Continue d'écrire les mots au féminin comme sur le modèle.

un épicier   *une épicière*

un charcutier   *une* _____

un fermier   _____

un écolier   _____

---

3 Complète avec *ien – ion – ière – ier* .

a. Mar_____ regarde la télévis_____ en compagnie de son petit

ch_____ Cannelle et de son copain Jul_____ .

b. Dans la rue, j'entends le klaxon des pomp_____s.

c. Dimanche, nous irons pique-niquer au bord de la riv_____ .

d. La cafet_____ dégage une bonne odeur de café.

e. « Veux-tu me passer la sal_____ pour mes radis » ?

---

4 Retrouve le mot et écris-le.

un _____   *un* _____   *un* _____

23 Les sons eil , ail , euil , ouille

Je retiens l'essentiel

Avec l'aide de leur maîtresse, les enfants ont fait une chasse aux mots pour remplir les colonnes avec les sons ail eil euil ouille . Lis-les.

ail		eil	
ail	aille	eil	eille
travail	paille	réveil	oreille
éventail	médaille	sommeil	abeille

euil		ouille
euil	euille	ouille
écureuil	feuille	grenouille
œil		chatouille

Je comprends comment faire

➤ **pour écrire les sons** eil ail euil ouille

● Je recopie les mots.

l'éveil   le portail   une corbeille

une caille   un écureuil   une feuille

des nouilles

Je m'exerce

1 Sépare les mots par un trait puis écris-les.

★

grenouilleappareilabeillegroseillechandailmédaille

_____ _____ _____

_____ _____

2 Lis les mots de chaque colonne, puis barre l'intrus.

★★

eille	ouille	ail	euil
corbeille	fouille	travail	écureuil
abeille	nouille	portail	fauteuil
corneille	boule	portrait	bouvreuil
pleine	brouille	chandail	cerfeuil
vieille	chatouille	éventail	sommeil

3 Complète avec eil ou eille – ail ou aille – euil ou euille – ouille.

★★

a. En automne, les arbres perdent leurs f_____s.

b. Je mets des gros_____s dans ma corb_____ .

c. Joëlle peint le port_____ du garage avec Mir_____ .

d. Un petit écur_____ croque une noisette sur la branche.

e. Le rév_____ sonne pourtant, j'ai encore somm_____ .

f. Les gren_____s sautent sur les f_____s de nénuphars.

4 Retrouve le mot puis écris-le.

★★★

un _____   *une* _____   *la* _____

Français

OBJECTIF

Savoir reconnaître
une phrase et
quelques signes
de ponctuation.

24 **La phrase,**
la ponctuation

Je retiens l'essentiel

Marion se repose dans sa chambre. Tout à coup, elle
sursaute. Quel est ce drôle de bruit ? Est-ce une vilaine
sorcière ? Est-ce un animal fantastique ?
– Maman, au secours, il y a un monstre sous le lit !
– Mais non, rassure-toi, ce n'est que Mistigri, le chat gris !

● Une phrase est composée de mots et de signes de
ponctuation. Elle commence par une majuscule et se
termine par un point.

● La **phrase** à la forme **déclarative** se termine par un
point (.). Aurélien joue au foot avec ses copains.

● La phrase **interrogative** se termine par un point
d'interrogation (?). Elle sert à poser une question.
Marion est-elle dans sa chambre ?

● La phrase **exclamative** se termine par un point
d'exclamation (!). Elle marque la surprise, la joie, la
douleur. Comme tu es grand !

● La virgule (,) sert à faire une petite pause de la voix
quand on lit.

Je comprends comment faire

▶ **pour reconnaître les types de phrases**
● Je souligne dans le texte : une phrase déclarative en bleu,
une phrase interrogative en rouge, une phrase exclamative
en violet.

Je m'exerce

1 Sépare par un trait les mots de la phrase et recopie-la.

★

Camillejoueàlaballedanslacour.

_____

_____

2 Choisis un mot dans chaque cercle pour écrire une phrase. N'oublie
★★ pas la majuscule ni la ponctuation.

_____

_____

3 Choisis le point qui convient . ? ! et place-le à la fin de chaque
★★ phrase.

a. Les enfants jouent dans la cour____

b. Camille est-elle avec eux ____

c. Oui, elle y est aussi ____

d. Génial, je vais pouvoir jouer avec elle____

4 Recopie ce texte en plaçant les majuscules
★★★ et les signes de ponctuation.

j'ai une dent qui bouge elle va tomber je
la mettrai sous mon oreiller pour la souris

_____

_____

_____

25 Masculin – Féminin

Je retiens l'essentiel

Camille regarde la télévision. Elle revoit avec plaisir le film *E.T.* qui raconte l'histoire d'une amitié entre un petit garçon et un extraterrestre égaré sur la planète Terre. Sa sœur Marion fait un exercice de mathématiques et révise une leçon d'orthographe dans la chambre rose. Quand le travail sera terminé, elle ira rejoindre Camille devant le poste de télévision.

● Une phrase est composée de mots. Les mots qui désignent des personnes, des animaux, des objets... s'appellent des noms.

● Les noms peuvent être du genre masculin ou féminin.

masculin → le **film** - un **film**
un **petit garçon** - le **petit garçon**
féminin → la **télévision** - une **télévision**
une **sœur** - la **sœur**

Je comprends comment faire

➤ **pour reconnaître un mot masculin**
● Je regarde si le petit mot placé avant est un ou le.

➤ **pour reconnaître un mot féminin**
● Je regarde si le petit mot placé avant est une ou la.

➤ **pour distinguer le masculin du féminin**
● Je souligne dans le texte les noms masculins en orange et les noms féminins en rose.

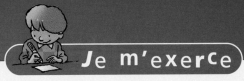

Français

1 Complète avec *le* ou *la*.

★
une fille	_____ fille
une balle	_____ balle
un cartable	_____ cartable
un gâteau	_____ gâteau
une bougie	_____ bougie

2 Complète avec *un* ou *une*.

★
le livre	_____ livre
la maison	_____ maison
le lit	_____ lit
la pile	_____ pile
la bicyclette	_____ bicyclette

3 Complète avec *cher* ou *chère*, en suivant le modèle.

★★

cher papa	*chère* maman
_____ Anaïs	_____ Léa
_____ Margot	_____ Nathalie
_____ Sophie	_____ Philippe
_____ Bruno	_____ Théo

4 Continue à relier les étiquettes par un trait.

★★

une robe neuve	un long chemin
une balle légère	un pull neuf
une corde longue	un léger bruit
une bonne tarte	un bon gâteau

5 Choisis le bon mot et complète.

★★★

a. Je n'ai pas encore de petit _____. sœur / frère

b. Cet animal a de grandes _____. oreilles / pieds

c. Camille a eu un méchant _____. grippe / rhume

d. Théo est un gentil _____. garçon / copine

26 Singulier – Pluriel

Je retiens l'essentiel

Heureux les trapézistes
Sur leurs trapèzes volants
Heureux le musicien
et sa batterie magique
Heureuse la petite fille
dans sa boîte à musique
Heureux les animaux ? Tristes ?
zèbres et lamas tournent sur la piste
Heureux les enfants des écoles
acrobaties et farandoles
Heureux au cirque de Paris où l'on rit,
où l'on vit, où l'on crie, où l'on rit…

(Création C.P.)

● Un nom est au singulier lorsque le petit mot qui l'accompagne est au singulier : le musicien – la fille.

● Un nom est au pluriel lorsque le petit mot qui l'accompagne est au pluriel : les trapézistes – des cheveux.

● Quand on veut écrire un nom au pluriel, on ajoute à la fin un s ou un x.

Je comprends comment faire

➤ pour distinguer un mot au singulier d'un mot au pluriel
● Je souligne dans le texte les mots singuliers en rouge et les mots pluriels en violet.

Je m'exerce

1 Continue à décrire ce dessin en choisissant les mots parmi ceux qui
sont écrits en vert.

une grosse étoile   un rond blanc
des grosses étoiles   des ronds blancs
une petite étoile   des ronds blancs
des petites étoiles   un rond noir
des ronds noirs

On a dessiné _____ , _____ ,

_____ et _____ .

2 Complète chaque phrase avec le bon mot.

a. Un _____ a mangé mes salades. lapin / lapins

b. J'aime les _____ . fraise / fraises

c. Papa ne lit jamais le _____ . journal / journaux

d. Son panier est plein de _____ . pomme / pommes

e. Le _____ est au vert. feu / feux

3 Choisis le bon mot.

ouverte – ouvertes

     des fenêtres _____

     une porte _____

secs – sec

     des gâteaux _____

     du linge _____

4 Complète avec les petits mots un – une – des.

Je voudrais me fabriquer _____ petite voiture. J'ai déjà trouvé

_____ caisse, _____ roues et _____ clous. Je demanderai le reste

à papa : _____ planches et _____ petites pointes. Il me faudrait

aussi _____ petite ficelle.

Je retiens l'essentiel

Je comprends comment faire

➤ **pour lire une bande dessinée**

Cette B.D. comporte 3 vignettes qui racontent une histoire.
À l'intérieur de chaque vignette, il y a des dessins et du texte.
Le texte qui est encadré, sans pointe, nous donne des
renseignements nécessaires à la compréhension de l'histoire.
Les bulles contiennent les paroles des personnages. La forme
de chaque bulle indique le ton sur lequel sont dites ces
paroles. Voici les principales formes de bulles :

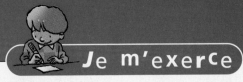

Je m'exerce

1 Observe ces images et numérote-les dans l'ordre du récit.

2 Dessine les bulles autour des textes puis colorie la bande dessinée.

3 Complète les bulles de cette B.D.

27 • La bande dessinée

28 Ordre du récit

Je retiens l'essentiel

Jeux d'hiver

C'est mercredi. Thomas a invité Julien à venir jouer avec lui. Il a neigé toute la nuit et un épais manteau blanc recouvre le paysage.

Les deux garçons décident de sortir pour fabriquer un bonhomme de neige dans le jardin de la résidence. Ils roulent une grosse boule de neige.

– Voilà le ventre, dit Thomas.

– Une boule plus petite servira à faire la tête, réplique Julien.

Les deux enfants s'activent. Deux graviers pour les yeux, un plus gros pour le nez, une brindille pour la bouche… Voilà notre bonhomme de neige qui s'élève fièrement au milieu du jardin !

● Dans une histoire, il y a un ou plusieurs personnages, un lieu et un événement.

Je comprends comment faire

▶ **pour écrire une histoire**

● Quand j'ai trouvé mon personnage, je cherche où et quand se passe mon histoire et l'action.

Dimanche, Camille est allée visiter le château de Versailles avec sa mamie.

Les personnages sont Camille et mamie.
Où se passe l'action ? Au château de Versailles.
Quand se déroule l'action ? Dimanche.

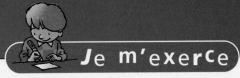

Je m'exerce

1 **Sépare les mots de la phrase par un trait puis écris-la.**

★

Camillefaitlescoursesavecsamaman.

2 **Retrouve l'ordre de la phrase et écris-la.**

★★

nouvel est Un arrivé élève matin ce l'école. à

3 **Retrouve l'ordre des phrases et numérote-les.**

★★ ◯ Puis, je suis descendu à la cuisine pour déjeuner. ◯ Ce matin, maman m'a réveillé. ◯ Ensuite, je me suis habillé. ◯ Un peu plus tard, je suis parti à l'école avec papa.

4 **Construis oralement deux petites histoires avec des mots du**
★★★ **tableau.**

ce qui vit	un garçon – Camille – Marion – un clown – mamie – une fille
ce qui ne vit pas	un accident – la fête – la récréation – une surprise – la rentrée
comment ils sont	beau – petite – blanc – gentil – gros – épais
ce que l'on fait	il se promène – elle a visité – il a conduit – il a invité – fabriquer
où ?	dans la forêt – au cirque – à l'école – à la mer
quand ?	dimanche – un jour – hier – mercredi – jeudi
petits mots	qui – que – et – pour – un – une – le – du – la – il – elle – où – avec

Écriture script

Les minuscules

a	b	c	d	e	f	g	h
i	j	k	l	m	n	o	p
q	r	s	t	u	v	w	x
y	z						

Les majuscules

A	B	C	D	E	F	G	H
I	J	K	L	M	N	O	P
Q	R	S	T	U	V	W	X
Y	Z						

Écriture cursive

Les minuscules

a	b	c	d	e	f	g	h
i	j	k	l	m	n	o	p
q	r	s	t	u	v	w	x
y	z						

Les majuscules

A	B	C	D	E	F	G	H
I	J	K	L	M	N	O	P
Q	R	S	T	U	V	W	X
Y	Z						

1 Les nombres de 0 à 10

Je retiens l'essentiel

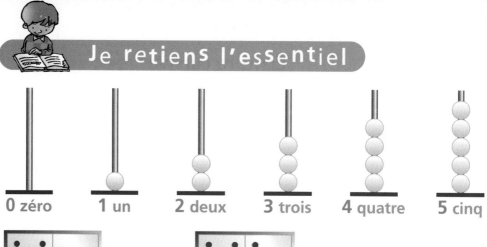

0 zéro   1 un   2 deux   3 trois   4 quatre   5 cinq

6 six   7 sept

8 huit   9 neuf   10 dix

Je comprends comment faire

➤ **pour savoir écrire les chiffres**

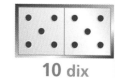

➤ **pour connaître la file numérique**

Dans la file numérique, les nombres sont rangés dans l'ordre en grandissant.

0	1	2	3	4	5	6	7	8	9	10

Je m'exerce

1 Relie chaque ligne au nombre de points correspondants.

★

7

8

4

5

● ● ● ● ● ● ● ● ●

● ● ● ●

● ● ● ● ● ● ● ●

● ● ● ● ●

2 Écris en lettres les nombres suivants :

★★

5 : _____   9 : _____   4 : _____   2 : _____

7 : _____   1 : _____   0 : _____   8 : _____

3 Écris en chiffres les nombres suivants :

★★

sept : _____   trois : _____   huit : _____   quatre : _____   zéro : _____

un : _____   six : _____   deux : _____   neuf : _____   cinq : _____

4 Écris en chiffres le nombre de points de chaque dé.

★★

_____   _____   _____   _____   _____

5 Écris en chiffres le nombre de points de chaque domino.

★★

_____   _____   _____

6 Complète la file numérique.

★★★

			4						

2 Écritures additives

Mathématiques

Je retiens l'essentiel

Pour obtenir 5

1 + 4 = 5

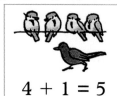

4 + 1 = 5

2 + 3 = 5

3 + 2 = 5

Pour obtenir 10

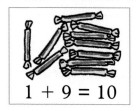

1 + 9 = 10

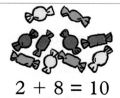

2 + 8 = 10

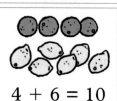

4 + 6 = 10

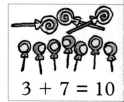

3 + 7 = 10

5 + 5 = 10

Je comprends comment faire

➤ **pour décomposer avec 5**

On a : 9 = 5 + 4   8 = 5 + 3   7 = 5 + 2   6 = 5 + 1

On a aussi 10 = 5 + 5

➤ **pour décomposer un nombre**

Voici toutes les décompositions additives de 9 :

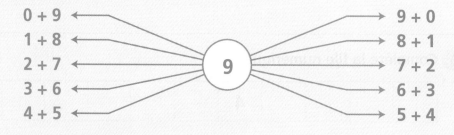

0 + 9 ← → 9 + 0
1 + 8 ← → 8 + 1
2 + 7 ← → 7 + 2
3 + 6 ← → 6 + 3
4 + 5 ← → 5 + 4

9

Je m'exerce

1 Complète :

★

a. $2 + 8 =$ _____

b. $7 + 3 =$ _____

c. $4 + 1 =$ _____

d. $5 + 5 =$ _____

e. $3 + 2 =$ _____

2 Complète :

★

a. $4 +$ _____ $= 5$

b. $6 +$ _____ $= 10$

c. $7 +$ _____ $= 10$

d. _____ $+ 2 = 5$

e. $1 +$ _____ $= 10$

3 Trouve toutes les décompositions additives de 3.

★★

_____ + _____ = 3   _____ + _____ = 3

_____ + _____ = 3   _____ + _____ = 3

4 Continue à relier entre elles les écritures d'un même nombre.

★★

5 + 4   ●   ● 2 + 3

2 + 2   ●   ● 3 + 7

1 + 4   ●   ● 7 + 2

8 + 2   ●   ● 4 + 2

3 + 3   ●   ● 3 + 1

5 Pour aller de la case 9 à l'autre, tu ne dois passer que sur des
★★★ cases qui correspondent à des décompositions additives de 9.
Continue à colorier ces cases.

9	2 + 3	6 + 1	4 + 2	3 + 6	2 + 0	8 + 1	5 + 3	6 + 2
4 + 5	3 + 3	7 + 1	3 + 5	2 + 2	5 + 4	1 + 1	0 + 3	5 + 5
3 + 6	2 + 7	5 + 4	8 + 1	3 + 7	2 + 6	4 + 4	3 + 7	5 + 2
1 + 3	4 + 4	6 + 1	0 + 9	3 + 3	7 + 1	6 + 3	7 + 2	3 + 6
6 + 4	0 + 5	4 + 3	6 + 3	4 + 5	1 + 8	9 + 0	2 + 2	4 + 5
7 + 1	9 + 0	2 + 5	0 + 8	1 + 6	5 + 5	6 + 4	4 + 1	9

Mathématiques

3 — Les nombres jusqu'à 31

Je retiens l'essentiel

Voici sur un calendrier les nombres de 10 à 31 :

Lundi	Mardi	Mercredi	Jeudi	Vendredi	Samedi	Dimanche
10	11	12	13	14	15	16
dix	onze	douze	treize	quatorze	quinze	seize

Lundi	Mardi	Mercredi	Jeudi	Vendredi	Samedi	Dimanche
17	18	19	20	21	22	23
dix-sept	dix-huit	dix-neuf	vingt	vingt et un	vingt-deux	vingt-trois

Lundi	Mardi	Mercredi	Jeudi	Vendredi	Samedi	Dimanche
24	25	26	27	28	29	30
vingt-quatre	vingt-cinq	vingt-six	vingt-sept	vingt-huit	vingt-neuf	trente

Lundi
31
trente et un

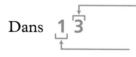

Dans 1 3

3 est le chiffre des **unités**

1 est le chiffre des **dizaines**

Je comprends comment faire

➤ **pour décomposer un nombre plus grand que 10**

On décompose le nombre entier en dizaines puis on ajoute les unités.

17 = 10 + 7 ➜ Il y a 1 dizaine et 7 unités (dix-sept).

25 = 20 + 5 = 10 + 10 + 5 ➜ Il y a 2 dizaines et 5 unités (vingt-cinq).

31 = 30 + 1 = 10 + 10 + 10 + 1 ➜ Il y a 3 dizaines et 1 unité (trente et un).

➤ **pour connaître la file numérique**

10	11	12	13	14	15	16	17	18	19	20	21	22	23	24	25	26	27	28	29	30	31

Mathématiques

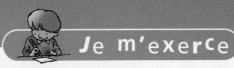

Je m'exerce

1 Relie chaque groupe d'étoiles au nombre correspondant.

31   24   17   26

---

2 Écris en lettres les nombres suivants :

★★

a. 18 _____

b. 30 _____

c. 15 _____

d. 29 _____

---

3 Écris en chiffres les nombres suivants :

★★

a. dix-sept _____   b. trente et un _____

c. vingt-trois _____   d. seize _____

---

4 Complète les écritures additives.

★★★

a. 27 = _____ + _____ + 7   b. 31 = _____ + _____ + _____ + 1

c. 18 = 10 + _____   d. 24 = 10 + _____ + 4

---

5 Indique le nombre de points obtenus pour chaque partie de
★★★ fléchettes.

_____   _____   _____

Mathématiques

Je retiens l'essentiel

Voici des nombres après 30.

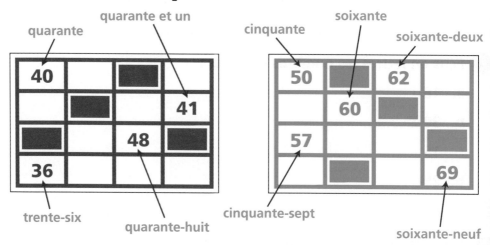

quarante et un

quarante

cinquante

soixante

soixante-deux

40		
		41
	48	
36		

50		62
	60	
57		
		69

trente-six

quarante-huit

cinquante-sept

soixante-neuf

Je comprends comment faire

➤ **pour savoir décomposer un nombre**
Il faut trouver le chiffre des dizaines et celui des unités.

Dizaines	Unités	
4	0	40 = 10 + 10 + 10 + 1 0
4	3	43 = 40 + 3 = 10 + 10 + 10 + 3
5	0	50 = 10 + 10 + 10 + 10 + 10
5	6	56 = 50 + 6 = 10 + 10 + 10 + 10 + 6
6	0	60 = 10 + 10 + 10 + 10 + 10 + 10
6	9	69 = 60 + 9 = 10 + 10 + 10 + 10 + 10 + 10 + 9

➤ **pour connaître la file numérique**

31	32		38	39	40		46	47	48		54	55	56		62	63	64
	33			37			45				49			53			57		61		65		69
34	35	36		42	43	44		50	51	52		58	59	60		66	67	68

Je m'exerce

1 Complète le tableau.

Nombre	Dizaines	Unités
48		
soixante-sept		
50		

2 Écris en lettres les nombres suivants :

★★

a. 50 _____

b. 61 _____

c. 43 _____

3 Écris en chiffres les nombres suivants :

★★

a. trente-six _____   b. quarante-deux _____

c. cinquante et un _____   d. vingt-huit _____

4 Décompose.

★★

a. 45 = _____ + 5   b. 37 = 30 + _____

c. 43 = _____ + _____ + _____ + _____ + 3

5 Indique le nombre de points obtenus pour chaque partie
★★★ de fléchettes.

6 Devinette : Mon chiffre des unités est 8.
★★★ Mon chiffre des dizaines est 5. **Qui suis-je ?** _____

5 Les grands nombres

Je retiens l'essentiel

Voici des nombres après 69 et jusqu'à 100.

soixante-dix   quatre-vingts   quatre-vingt-dix   cent

Le nombre 100 correspond à une centaine.
1 centaine = 10 dizaines

Je comprends comment faire

➤ **pour décomposer un grand nombre**

Centaines	Dizaines	Unités		
	7	0	soixante-dix	$70 = 60 + 10$
	7	4	soixante-quatorze	$74 = 60 + 14 = 70 + 4$
	8	0	quatre-vingts	$80 = 20 + 20 + 20 + 20$
	8	6	quatre-vingt-six	$86 = 80 + 6$
	9	0	quatre-vingt dix	$90 = 80 + 10$
	9	5	quatre-vingt-quinze	$95 = 80 + 15 = 90 + 5$
1	0	0	cent	$100 = 10 + 10 + 10$

$$+ 10 + 10 + 10 + 10$$
$$+ 10 + 10 + 10$$

➤ **pour connaître la file numérique**

70	71		77	78	79		85	86	87		93	94	95	
	72		76			80		84			88		92		96		100
	73	74	75		81	82	83		89	90	91		97	98	99

Je m'exerce

1 Complète le tableau.

Nombre	Centaines	Dizaines	Unités
78			
quatre-vingt-cinq			
cent			
91			

2 Écris en lettres les nombres suivants :

a. 79 _____

b. 83 _____

c. 99 _____

3 Écris en chiffre les nombres suivants :

a. soixante-dix-huit _____   b. quatre-vingt-neuf _____

c. quatre-vingt-dix-sept _____

4 Décompose.

a. 79 = _____ + 10 + _____

b. 83 = _____ + _____ + _____ + _____ + 3

c. 98 = _____ + 18   d. 93 = _____ + 10 + _____

5 Indique le nombre de points obtenus pour chaque partie de fléchettes.

6 Comparer des collections

Je retiens l'essentiel

Il y a **autant** de skis que de bâtons.

Il y a **plus** de salades que de lapins.
Il y a **moins** de lapins que de salades.

Je comprends comment faire

➤ **pour comparer des collections**

Je relie un à un les points.

   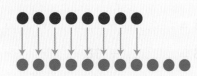

Pour chaque ● il y a un ◗. Il y a donc autant de ◗ que de ●.
Il y a plus de ● que de ●.

Je fais des paquets.

Il y a autant de paquets de ● que de ◗.
Il reste autant de ● que de ◗.
Il y a donc autant de ● que de ◗. Il y a plus de ● que de ◗.

Je m'exerce

1 Observe le dessin
et réponds
aux questions.

a. Voit-on autant de couteaux que de fourchettes ? _____

b. Voit-on autant de verres que d'assiettes ? _____

2 Dessine autant de ronds qu'il y a de triangles.

▲   ▲   ▲   ▲

▲   ▲

▲   ▲   ▲

3 Observe les points et complète les phrases.

a. Il y a _____ de ● que de ●.

b. Il y a _____ de ● que de ●.

c. Il y a _____ de ● que de ●.

4 Complète pour qu'il y ait autant de ● que de ●.

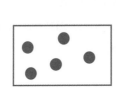

5 Relie chaque ● à un ●.

Complète : Il y a _____ de ● que de ●.

Mathématiques

Je retiens l'essentiel

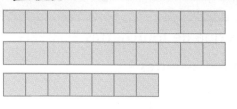

$27 = 20 + 7$
$= 10 + 10 + 7$

$35 = 30 + 5$
$= 10 + 10 + 10 + 5$

35 est **plus grand que** 27
car il a le plus grand chiffre des dizaines $(3 > 2)$.
On écrit $35 > 27$.
On dit aussi que 27 est **plus petit que** 35.
On écrit $27 < 35$.

$14 = 10 + 4$ $18 = 10 + 8$

18 est plus grand que 14 car il a le plus grand chiffre des
unités et que les chiffres des dizaines sont les mêmes.
On a $18 > 14$ ou $14 < 18$.

Je comprends comment faire

➤ **pour bien écrire avec le signe < ou >**

$45 < 52$ $87 > 83$

La pointe est placée du côté du plus petit nombre

Mathématiques

1 Écris le nombre d'objets de chaque collection puis utilise < ou >.

---

2 Complète par < ou >.

a. 4 _____ 9   b. 12 _____ 7

c. 18 _____ 31   d. 24 _____ 20

e. 15 _____ 30

---

3 Entoure le plus grand nombre de cette liste :

26   21   28   27

---

4 Entoure le plus petit nombre de cette liste :

45   63   31   12

---

5 Range ces trois nombres du plus petit au plus grand : 32   43   18

---

6 Range ces trois nombres du plus grand au plus petit : 12   23   58

---

7 Complète par < ou > ou = .

a. 20 + 6 _____ 30 + 4

b. 10 + 10 + 10 + 9 _____ 30 + 9

c. 40 + 5 _____ 40 + 2

Mathématiques

Mathématiques

Je retiens l'essentiel

On doit faire une addition dans les problèmes suivants :

Pour réunir deux ou plusieurs collections
Pierre a vu passer un groupe de 6 cyclistes,
puis un groupe de 9 cyclistes.
Combien en a-t-il vu passer en tout ?
$6 + 9 = 15$ → Pierre a vu passer 15 cyclistes.

Pour calculer une dépense totale
Jacques achète un croissant à 5 francs et une baguette
qui coûte 4 francs. Combien a-t-il dépensé ?
$5 + 4 = 9$ → Jacques a dépensé 9 francs.

Je comprends comment faire

➤ **pour avancer sur la droite numérique**
Vincent joue au jeu de l'oie, son pion est sur la case 6.
Où sera-t-il s'il obtient un 5 avec son dé ?

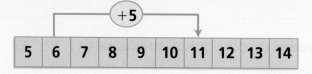

Son pion sera sur
la case 11.
On a $6 + 5 = 11$

➤ **pour calculer la somme de 3 nombres**
On calcule d'abord la somme de deux
nombres puis on ajoute le troisième.
Eric a joué aux fléchettes.
Quel est son score ?
Eric a $4 + 8 + 10$ points.
Je calcule $4 + 8 = 12$ puis $12 + 10 = 22$. → Eric a 22 points.

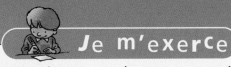

1 Parmi les problèmes suivants, quels sont ceux qui utilisent une
★ addition ? Dans ce cas, donne le résultat.

a. Céline achète un cahier qui coûte 12 francs. Elle donne une
pièce de 20 francs au marchand. **Combien doit-il lui rendre ?**

b. Jean et ses deux camarades se partagent un sac qui contient
30 billes. **Quelle est la part de chacun ?**

c. Durant l'hiver Pierre a grandi de 4 cm. Au printemps il a
encore grandi de 3 cm. **De combien a-t-il grandi en tout ?**

d. J'avais dans mon porte-monnaie 45 francs, j'ai acheté une
voiture miniature qui coûte 27 francs. **Combien me reste-t-il dans
mon porte-monnaie ?**

e. Au jeu de l'oie, Marc avait son pion sur la case 4, il a fait un 6
puis un 5 avec le dé. **Sur quelle case est-il maintenant ?**

2 Réponds aux questions.
★★ a. Cécile met dans un vase un bouquet de 9 tulipes et un
bouquet de 12 roses.
Combien y a-t-il de fleurs dans le vase ? _____

b. Monsieur Dupont achète un livre qui coûte 46 francs et un
magazine qui coûte 20 francs.
Combien a-t-il dépensé ? _____

3 Entoure le jeu qui a le plus de
★★★ points.

Jeu de Pierre

Jeu de Karine

4 Entoure le nom de celui qui a
★★★ gagné aux fléchettes.

Eric

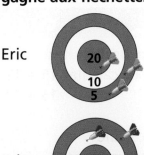

Jules

Mathématiques

9 L'addition

Mathématiques

Je retiens l'essentiel

Addition en colonne (on dit : « poser une addition »)

```
   d   u
   4   3
+  3   6
-------
   7   9
```

Quand on pose une addition en colonne, il faut aligner :
– les unités sous les unités
– les dizaines sous les dizaines

Il faut ajouter en commençant par la colonne de droite (celle des unités) et en allant vers les colonnes de gauche.

Addition avec retenue

```
     d   u
     1
     3   8
+    4   6
---------
     8   4
```

1re étape : $8 + 6 = 14$, j'écris 4 et je retiens 1.

2e étape : $1 + 3 + 4 = 8$, j'écris 8.

Quand il y a une retenue, il ne faut pas oublier de la placer en haut dans la colonne de gauche suivante.

Je comprends comment faire

➤ **pour additionner en décomposant les nombres**

● Pour calculer $15 + 12$, on peut faire ainsi :

$$15 + 12 = 10 + 5 + 10 + 2$$

On calcule en regroupant entre elles les dizaines, les unités.

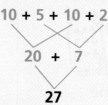

10 + 5 + 10 + 2

20 + 7

27

Je m'exerce

1 Pose et calcule les additions.

★

a. 45 + 23

b. 29 + 63

c. 37 + 23

+ _____

+ _____

+ _____

2 Calcule les additions en décomposant.

★★

a. 45 + 51 = _____

b. 32 + 25 = _____

c. 43 + 24 = _____

d. 72 + 17 = _____

e. 57 + 20 = _____

3 Complète ces arbres à calcul.

★★

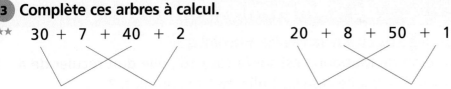

30 + 7 + 40 + 2

20 + 8 + 50 + 1

4 Complète les additions.

★★★

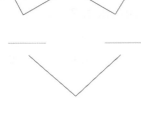

```
      _____ 2
  +   2  _____
  _____
      9    6
```

```
      _____ 7
  +   4  _____
  _____
      6    9
```

```
      _____ 2
  +   1  _____
  _____
      7    5
```

Mathématiques

OBJECTIF

Reconnaître les problèmes qui utilisent la soustraction.

Mathématiques

Je retiens l'essentiel

On fait une soustraction dans les problèmes suivants :

Pour calculer une partie d'un ensemble

Dans un bouquet de 15 fleurs, il y a des roses et 7 tulipes. Combien y a-t-il de roses ?

$7 + ... = 15$ ou bien $15 - 7 = 8$ → Il y a 8 roses.

Pour calculer ce que l'on ajoute

Eric a 13 billes avant la récréation. Il remonte en classe avec 21 billes. Combien de billes a-t-il gagné ?

$13 + ... = 21$ ou bien $21 - 13 = 8$ → Il a gagné 8 billes.

Je comprends comment faire

➤ **pour reculer sur la droite numérique**

Le pion de Marianne est sur la case 16 , elle doit reculer de 4 cases. Sur quelle case va-t-elle mettre son pion ?

Le pion sera sur la case :
$16 - 4 = 12$

➤ **pour calculer**

Ce qui reste quand on enlève une partie d'une collection.
Pierre qui avait 18 billes en a perdu 7 à la récréation.
Combien de billes lui reste-t-il ?
$18 - 7 = 11$ → Il lui en reste 11.

Ce qui est enlevé quand on enlève une partie d'une collection.
Pierre qui avait 15 billes au début de la partie en a 10 à la fin. Combien de billes a-t-il perdu ?
$15 - 10 = 5$ → Il en a perdu 5.

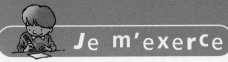

Je m'exerce

1 Parmi les problèmes suivants, quels sont ceux qui utilisent une
★ soustraction ? Dans ce cas, donne le résultat.

a. Jeanne a 10 ans et Marie est née 5 ans avant Jeanne.
Quel est l'âge de Marie ?

b. Pierre et ses 3 frères se partagent 100 francs.
Quelle est la part de chacun ?

c. Quand Gaëlle achète une écharpe qui coûte 83 francs, elle
donne un billet de 100 francs.
Quelle somme va-t-on lui rendre ?

d. Un jardinier plante 3 rangées de 10 plants de fraisier chacune.
Combien de fraisiers a-t-il planté ?

e. Paul a 13 ans et sa sœur Anne 8 ans.
Combien d'années les séparent ?

---

2 **Complète ces additions.**
★★
a. $25 +$ _____ $= 30$

b. $40 +$ _____ $= 70$

c. $12 +$ _____ $= 28$

3 **Complète ces soustractions.**
★★
a. $23 - 13 =$ _____

b. $55 - 20 =$ _____

c. $36 - 14 =$ _____

---

4 **Complète les cases.**
★★

---

5 Jacques achète une petite voiture avec un billet de 100 francs, il
★★★ lui reste alors 27 francs.

Quel est le prix de la petite voiture ? _____

---

6 Jules a gagné 16 billes à la récréation, il en a maintenant 30.
★★★
Combien de billes avait-il avant la récréation ? _____

OBJECTIF

Acquérir des méthodes de calcul rapide.

Mathématiques

Je retiens l'essentiel

Compter de 10 en 10 en avançant

Pour compter de 10 en 10 il faut ajouter une dizaine.

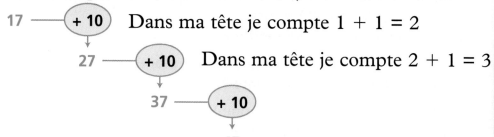

17 —— (+ 10)   Dans ma tête je compte $1 + 1 = 2$

27 —— (+ 10)   Dans ma tête je compte $2 + 1 = 3$

37 —— (+ 10)

47

Compter de 10 en 10 à rebours

Pour compter de 10 en 10 à rebours il faut reculer d'une dizaine.

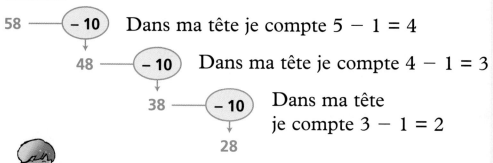

58 —— (– 10)   Dans ma tête je compte $5 - 1 = 4$

48 —— (– 10)   Dans ma tête je compte $4 - 1 = 3$

38 —— (– 10)   Dans ma tête je compte $3 - 1 = 2$

28

Je comprends comment faire

▶ **pour ajouter un nombre finissant par 0**
Il faut ajouter les deux chiffres des dizaines.

37 —— (+ 50) —→ 87   46 —— (+ 30) —→ 76

▶ **pour ajouter des nombres finissant par 0**
Il faut ajouter les chiffres des dizaines. $20 + 30 = 50$

$2 + 3 = 5$

Je m'exercе

1 Calcule rapidement :

★

   a. $45 + 10 =$ _____

   b. $63 + 10 =$ _____

   c. $87 + 10 =$ _____

2 Calcule rapidement :

★

   a. $35 - 10 =$ _____

   b. $27 - 10 =$ _____

   c. $49 - 10 =$ _____

3 Calcule rapidement :

★★

   a. $17 + 20 =$ _____

   b. $32 + 30 =$ _____

   c. $11 + 20 =$ _____

4 Calcule rapidement :

★★

   a. $30 + 20 =$ _____

   b. $40 + 20 =$ _____

   c. $50 + 40 =$ _____

5 Complète les cases vides en comptant de 10 en 10 à partir de 12.

★★★

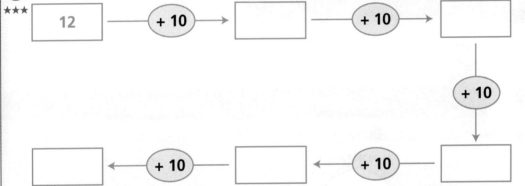

6 Complète les cases vides en comptant de 10 en 10 à rebours à partir
★★★ de 78.

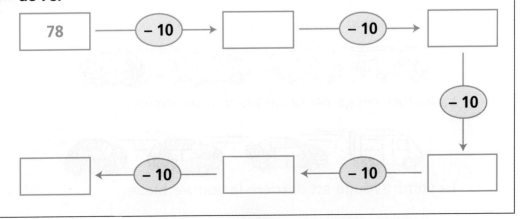

**11 • Ajouter et décompter
rapidement**

Mathématiques

Mathématiques

Je retiens l'essentiel

Voici Pierre dans sa chambre avec ses jouets :

L'ours est **à gauche** de Pierre.
La poupée est **à droite** de Pierre.
La voiture est **devant** Pierre.
La chaise est **derrière** lui.

Je comprends comment faire

➤ pour bien distinguer la droite de la gauche

main gauche   main droite

main droite   main gauche

➤ pour bien distinguer devant derrière

La voiture rouge est devant la voiture bleue.

La voiture rouge est derrière la voiture bleue.

Je m'exerce

1 **Complète les phrases.**

★

a. La table est à _____ de Paul.

b. La chaise est à _____ de Paul.

c. Le buffet est _____ Paul.

d. La peluche est _____ Paul.

2 **Colorie en rouge le cercle qui est à droite du personnage.**

★ **Colorie en bleu le cercle qui est à gauche du personnage.**

3 **Place un** ● **devant la voiture.**

★★ **Place un** ● **derrière la voiture.**

4 **Observe ce dessin puis complète les phrases.**

★★★

Karim   **Michaël**   **Jules**   **Louise**

a. _____ est à droite de Michaël.

b. Jules est à droite de _____ .

c. Louise est à _____ de Jules.

d. Michaël est à _____ de Jules.

13 Quadrillages

Mathématiques

Je retiens l'essentiel

Sur un quadrillage on peut repérer des cases

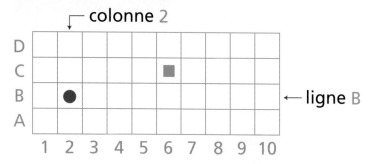

■ est dans la case repérée par C 6
● est dans la case repérée par B 2

Sur un quadrillage on peut reproduire un dessin

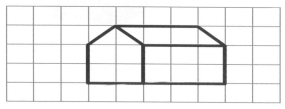
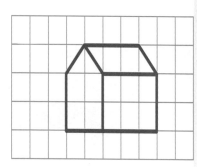

Je comprends comment faire

➤ **pour coder un déplacement sur quadrillage**
Pour aller du ● au ■, le chemin suivi
est codé par ↑ → → ↓ → ↓ →

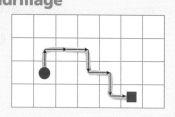

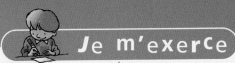
Je m'exerce

1 Indique comment sont repérées les 3 formes.

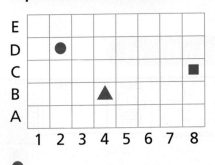

● _____

■ _____

▲ _____

2 Place ■, ■, ■, ■, repérés par :

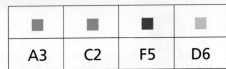

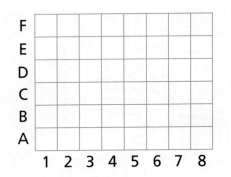

3 Reproduis le même dessin en partant du point rouge.
★★

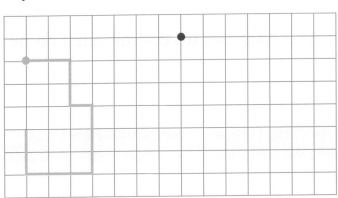

4 En partant du ■ trace le chemin : → → → ↓→↓ →↓→↑→ → ↑↑
★★★

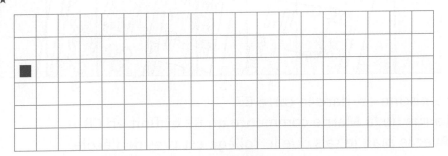

14 Les plans

Mathématiques

Je retiens l'essentiel

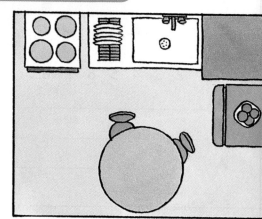

Sur un plan, on dessine les objets ou les maisons vus de dessus.

Avec un plan on peut imaginer un endroit que l'on ne connaît pas.

Je comprends comment faire

➤ **pour lire un plan**

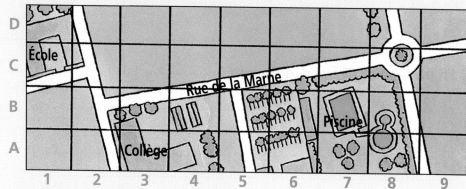

La piscine est dans le carré B7.

La rue de la Marne commence en B2 et finit en C8.

Avec le plan je sais que le collège est près de l'école.

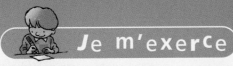

Je m'exerce

1

★

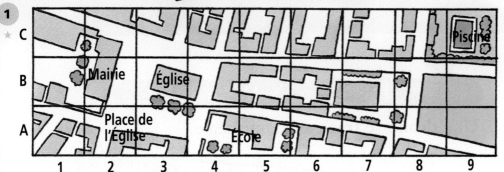

a. Entoure sur le plan l'école en vert.

b. Entoure sur le plan la piscine en bleu.

c. Colorie sur le plan le ou les chemins qui vont de la piscine à l'école, en rouge.

2 **Complète :**

★★ a. La mairie se trouve en _____

b. En C5 il y a _____

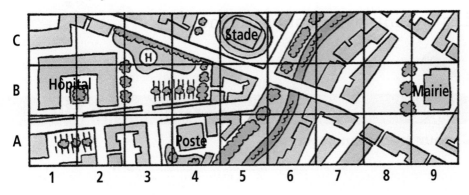

3

★★★

 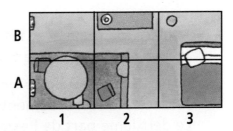

Complète :

a. Sur le plan la commode est en _____ .

b. la table est en _____ .   c. le lit est en _____ .

15 Les droites

Je retiens l'essentiel

Une droite se trace avec une règle.

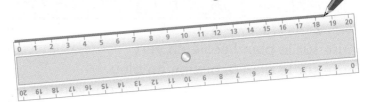

Avec une règle on peut vérifier que les 3 points ● sont alignés.

Les 3 points ● ne sont pas alignés.

Je comprends comment faire

➤ **pour tracer un segment**

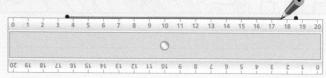

Je place ma règle avec les deux points au bord de la règle.
Je pars d'un point et je trace jusqu'à l'autre point.

➤ **pour tracer une ligne brisée**
Je trace plusieurs segments.
Le deuxième part de l'extrémité
du premier et ainsi de suite.

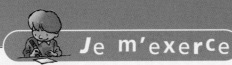
Mathématiques

1 Repasse ces 4 droites en couleur en t'aidant de ta règle.
★

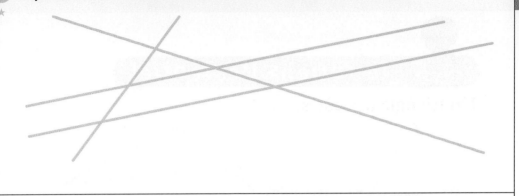

2
★★

a. Avec ta règle, trace la droite qui passe par ces deux points.

b. Place un point sur la droite que tu viens de tracer.

c. Complète la phrase : Les trois points sont _____ .

3
★★★

B   D   F   H

A   C   E   G

a. Avec ta règle, joins les points dans l'ordre alphabétique
en partant de A.

b. Complète la phrase :

Je viens de tracer une _____ .

Je retiens l'essentiel

Un triangle a 3 côtés.

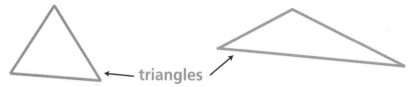

triangles

Un carré et un rectangle ont 4 côtés.

rectangles

carrés

Je comprends comment faire

> **pour reconnaître des formes superposables**
Les formes de la même couleur sont superposables.
Elles ont la même taille et le même contour.

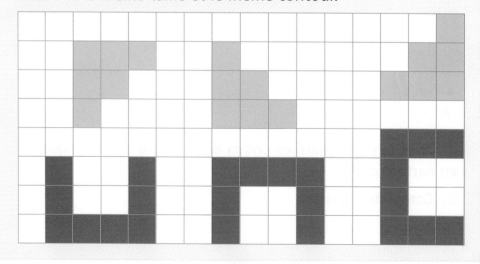

Je m'exerce

1 ⭐ On a commencé à tracer un carré, termine-le.

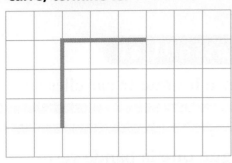

2 ⭐ On a commencé à tracer un rectangle, termine-le.

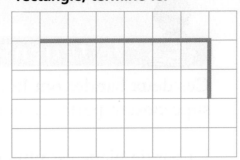

Mathématiques

3 ⭐⭐ Observe ces formes et réponds aux questions.

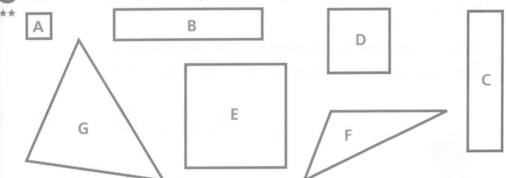

a. Quels sont les carrés ? _____

b. Quels sont les rectangles ? _____

c. Quels sont les triangles ? _____

4 ⭐⭐⭐ Reproduis le carré et le rectangle sur le quadrillage de droite.

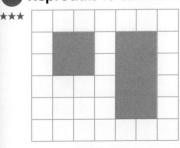

Mathématiques

Je retiens l'essentiel

Ces deux bandes ont **la même longueur** car elles se superposent parfaitement.

La bande bleue est **plus longue que** la bande verte.

On dit aussi que la bande verte est **plus courte que** la bleue.

Les longueurs se mesurent en centimètre
Pour mesurer on utilise un double décimètre.

Je comprends comment faire

➤ **pour mesurer une longueur**
1. Je place ma règle le long de la bande.
2. Je mets le zéro en face d'un bout de la bande.
3. Je lis le nombre qui est en face de l'autre bout.

➤ **pour tracer un segment quand je connais sa longueur**
Pour tracer un segment de 4 cm de longueur qui part d'un point :
1. Je place bien le zéro de la graduation sur le point.
2. Je trace le trait au crayon en suivant le bord de la règle.
3. Je m'arrête à la graduation 4.

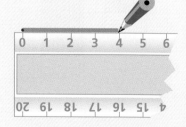

Je m'exerce

1 Complète chaque ligne par « long » ou « court ».

a. _____ est plus _____ que _____

b. _____ est plus _____ que _____

c. _____ est aussi _____ que _____

2 Écris les noms des longueurs de la plus courte à la plus longue.

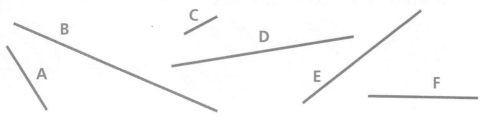

_____

3 Mesure et complète :

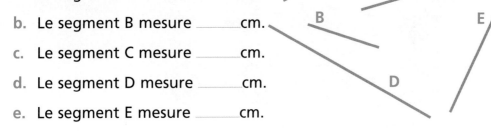

a. Le segment A mesure _____ cm.

b. Le segment B mesure _____ cm.

c. Le segment C mesure _____ cm.

d. Le segment D mesure _____ cm.

e. Le segment E mesure _____ cm.

4 Place un point B sur la droite à 4 cm du point A.

A

5 Mesure cette ligne brisée.

Mathématiques

Je retiens l'essentiel

Une somme d'argent s'exprime en francs (jusqu'à l'année 2002).
On utilise les pièces suivantes :

Je comprends comment faire

➤ **pour échanger**

 + =

 = + +

➤ **pour payer une somme**

Pour payer cet objet il faut:

18 = 10 + 5 + 2 + 1

➤ **pour vérifier sa monnaie**

Si je paye 18 F avec une pièce de 20 F,

on me rendra 2 F.
Car 20 − 18 = 2

Je m'exerce

1 Calcule les sommes suivantes :

a. _____

b. _____

c. _____

d. _____

2 Avec le plus petit nombre de pièces de 1 F et de 5 F comment obtenir 14 F ? **Dessine-les.**

3 Calcule chaque fois combien le marchand doit me rendre.

a. Si je donne une pièce de 10 F pour un gâteau à 7 F ?

_____

b. Si je donne une pièce de 20 F pour une revue à 16 F ?

_____

c. Si je donne une pièce de 20 F pour un kilo de légumes à 14 F ?

_____

d. Si je donne une pièce de 10 F pour un pain à 4 F ?

_____

4 Entoure la case où il y a le plus d'argent.

19 Les masses

Je retiens l'essentiel

On compare les masses avec une balance

Les deux objets ont la même masse, la balance est en équilibre.

● est plus lourd que ▬
ou ▬ est plus léger que ●.

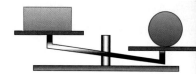

Les masses se mesurent en kilogramme.

Je comprends comment faire

➤ **pour comparer des masses**

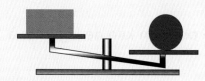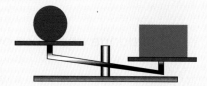

▬ est plus lourd que ● et ● est plus lourd que ▬

donc ▬ est plus lourd que ▬

➤ **pour trouver la masse d'un objet**

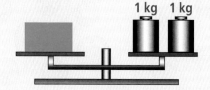

1 kg   1 kg

▬ a une masse de 2 kg.

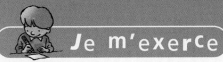

Mathématiques

1 Complète les phrases par le mot lourd ou léger.

★

a. 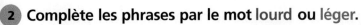 est plus _____ que ⬤ .

b. 🍍 est plus _____ que ⬤ .

2 Complète les phrases par le mot lourd ou léger.

★★

a. 🎁 est aussi _____ que 🎁🎁 .

b. 🎁 est plus _____ que 🎁 .

c. 🎁 est plus _____ que 🎁🎁🎁 .

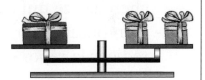

3 Dessine ces 3 objets en les rangeant du plus lourd au moins lourd.

★★★

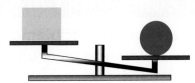 

4 Observe et réponds à la question.

★★★

  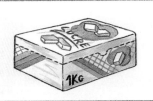

Quels sont les objets que je peux transporter si je ne peux pas

mettre plus de 5 kg dans mon panier ? _____

OBJECTIFS

Lire un énoncé.
Traiter l'information.

Mathématiques

Je retiens l'essentiel

Dans un problème, **les informations** nécessaires à sa résolution **sont fournies par l'énoncé** qui peut être un texte ou un dessin.

Pour résoudre un problème il faut :
- bien lire le texte ou observer les images,
- prendre le temps de comprendre la question posée,
- chercher ce qui est utile pour y répondre,
- bien poser ses opérations,
- rédiger la réponse.

Je comprends comment faire

➤ **pour savoir reconnaître ce qui est utile au problème**
Tous les mois Cécile achète 2 livres à 59 francs l'un et une revue des programmes télé qui coûte 20 francs.
Combien a-t-elle acheté de livres en une année ?
Elle a acheté 24 livres car 12 x 2 =24.
59 et 20 sont inutiles pour résoudre le problème.

➤ **pour savoir lire un tableau à double entrée**

colonne →

	Lundi	Mardi	Jeudi	Vendredi
Entrée	Salade	Friand	Carottes	Quiche
Plat	Dinde	Poisson	Steak	Poulet
Dessert	Banane	Yaourt	Tarte	Orange

ligne ——→ (Plat)

Quel est le plat du jeudi ?
Il faut chercher sur la ligne des plats et s'arrêter à la colonne de jeudi. C'est donc du steak.

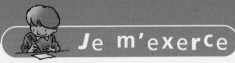

Je m'exerce

1 Voici le texte d'un problème avec ses questions, mais les phrases
★ sont en désordre. Range les phrases dans le bon ordre.

A. Combien Pierre va-t-il dépenser ?

B. Il achète ensuite son journal qui coûte 6 francs.

C. Il paie en donnant un billet de 50 francs.

D. Combien le marchand va-t-il lui rendre ?

E. Pierre achète une revue à 20 francs.

2 Voici un problème où la question est absente, trouve la question
★★ possible puis réponds-y.

Pierre achète un éclair au chocolat à 8 F et un chou à la crème à 7 F.

3 Complète les cases vides du tableau.
★★★

	Rouge	Vert	Bleu	Jaune
△				
☐			■	
○				●

4 L'autobus démarre avec 15 passagers.
★★★ Au 1er arrêt, 6 personnes montent et 1 personne descend.
Au 2e arrêt, 8 personnes montent et certaines descendent.
Il y a maintenant 24 passagers dans le bus.

a. **Quel est le nombre de passagers dans le bus après le 1er arrêt ?**

b. **Combien de personnes sont descendues au 2e arrêt ?**

Annexes

Mathématiques

La table d'addition

+	0	1	2	3	4	5	6	7	8	9	10
0	0	1	2	3	4	5	6	7	8	9	10
1	1	2	3	4	5	6	7	8	9	10	11
2	2	3	4	5	6	7	8	9	10	11	12
3	3	4	5	6	7	8	9	10	11	12	13
4	4	5	6	7	8	9	10	11	12	13	14
5	5	6	7	8	9	10	11	12	13	14	15
6	6	7	8	9	10	11	12	13	14	15	16
7	7	8	9	10	11	12	13	14	15	16	17
8	8	9	10	11	12	13	14	15	16	17	18
9	9	10	11	12	13	14	15	16	17	18	19
10	10	11	12	13	14	15	16	17	18	19	20

La table de soustraction

−	0	1	2	3	4	5	6	7	8	9	10
0	0										
1	1	0									
2	2	1	0								
3	3	2	1	0							
4	4	3	2	1	0						
5	5	4	3	2	1	0					
6	6	5	4	3	2	1	0				
7	7	6	5	4	3	2	1	0			
8	8	7	6	5	4	3	2	1	0		
9	9	8	7	6	5	4	3	2	1	0	
10	10	9	8	7	6	5	4	3	2	1	0

Le nom des nombres

1	un	11	onze	21	vingt et un	31	trente et un
2	deux	12	douze	22	vingt-deux	32	trente-deux
3	trois	13	treize	23	vingt-trois	33	trente-trois
4	quatre	14	quatorze	24	vingt-quatre	34	trente-quatre
5	cinq	15	quinze	25	vingt-cinq	35	trente-cinq
6	six	16	seize	26	vingt-six	36	trente-six
7	sept	17	dix-sept	27	vingt-sept	37	trente-sept
8	huit	18	dix-huit	28	vingt-huit	38	trente-huit
9	neuf	19	dix-neuf	29	vingt-neuf	39	trente-neuf
10	dix	20	vingt	30	trente	40	quarante

41	quarante et un	51	cinquante et un	61	soixante et un
42	quarante-deux	52	cinquante-deux	62	soixante-deux
43	quarante-trois	53	cinquante-trois	63	soixante-trois
44	quarante-quatre	54	cinquante-quatre	64	soixante-quatre
45	quarante-cinq	55	cinquante-cinq	65	soixante-cinq
46	quarante-six	56	cinquante-six	66	soixante-six
47	quarante-sept	57	cinquante-sept	67	soixante-sept
48	quarante-huit	58	cinquante-huit	68	soixante-huit
49	quarante-neuf	59	cinquante-neuf	69	soixante-neuf
50	cinquante	60	soixante	70	soixante-dix

71	soixante et onze	81	quatre-vingt un	91	quatre-vingt-onze
72	soixante-douze	82	quatre-vingt-deux	92	quatre-vingt-douze
73	soixante-treize	83	quatre-vingt-trois	93	quatre-vingt-treize
74	soixante-quatorze	84	quatre-vingt-quatre	94	quatre-vingt-quatorze
75	soixante-quinze	85	quatre-vingt-cinq	95	quatre-vingt-quinze
76	soixante-seize	86	quatre-vingt-six	96	quatre-vingt-seize
77	soixante-dix-sept	87	quatre-vingt-sept	97	quatre-vingt-dix-sept
78	soixante-dix-huit	88	quatre-vingt-huit	98	quatre-vingt-dix-huit
79	soixante-dix-neuf	89	quatre-vingt-neuf	99	quatre-vingt-dix-neuf
80	quatre-vingts	90	quatre-vingt-dix	100	cent

1 Le temps qui passe

Je retiens l'essentiel

● **L'heure** est le temps mis par la grande aiguille d'une montre pour faire le tour du cadran.

● **Un jour** comprend deux parties : **la journée** qui est éclairée par le soleil et **la nuit**. Le jour dure 24 heures.

● **La semaine** compte **sept jours**, désignés par sept noms différents : lundi, mardi, mercredi, jeudi, vendredi, samedi et dimanche. Ils se succèdent toujours dans cet ordre.

Je comprends comment faire

➤ **pour situer sur une frise les moments de la journée**

7h   10h 12h   16h   20h

● **Je lis la frise.** La journée est représentée en jaune, la nuit en violet. La classe se déroule pendant la journée. La séance de lecture a lieu le matin, puis c'est le déjeuner et l'après-midi il y a une séance de sport.

● **J'observe l'ordre des événements dans la journée.** Sur cette frise le repas de midi est situé au milieu de la bande. Ce qui a lieu avant se place à gauche. Ce qui a lieu après se place à droite.

Histoire

1 Écris le nom des jours qui ont été effacés.

★

	Avril		Mai		Juin
1	mercredi	1	vendredi	1	_____
2	jeudi	2	samedi	2	mardi
3	vendredi	3	dimanche	3	mercredi
4	_____	4	_____	4	jeudi
5	dimanche	5	mardi	5	_____
6	lundi	6	mercredi	6	samedi
7	mardi	7	_____	7	dimanche

2 Retrouve dans quel ordre se sont succédé les trois événements et
★★ écris la lettre qui convient (A, B, C) dans chaque case de la frise.

9 h   11 h   midi

3 Complète les phrases avec les mots suivants : avant – après.

★★ **a.** Les deux enfants arrivent à l'école _____ la séance de calcul.

b. Ils repartent de l'école _____ la séance de calcul.

4 Lis le texte sur fond jaune, puis écris __V__ (Vrai) ou __F__ (Faux) à la
★★★ fin de chaque phrase.

a. Mardi est la veille de mercredi. _____

b. Mercredi est le lendemain de lundi. _____

c. Lundi est le lendemain de dimanche. ____

d. Vendredi est le lendemain de samedi. ____

e. Jeudi est la veille de dimanche. _____

> Le 2 avril 1998 est un jeudi. La veille est un mercredi. Le lendemain est un vendredi.

Histoire

2 L'année

Je retiens l'essentiel

● Sur le **calendrier**, les jours, les semaines et les mois d'une année entière sont inscrits.

● **Une année compte 365 jours.** Elle commence le 1er janvier et finit le 31 décembre. Elle a **12 mois** : janvier, février, mars, avril, mai, juin, juillet, août, septembre, octobre, novembre, décembre. Les mois se succèdent toujours dans cet ordre.

● Chaque **année** est désignée par un numéro à plusieurs chiffres : l'année 1998, l'année 1999...

● Les **quatre saisons**, l'hiver, le printemps, l'été et l'automne, sont elles aussi indiquées sur le calendrier.

Je comprends comment faire

▶ **pour lire un calendrier et retrouver une date**

Les étiquettes bleues permettent de retrouver toutes les informations nécessaires pour écrire **une date**. Ainsi l'anniversaire de Théo est le **jeudi 15 janvier 1998**.

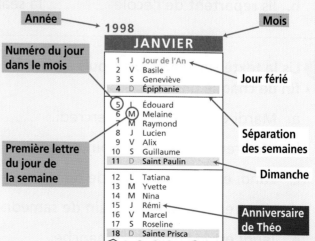

Je m'exerce

1 **Relie les mois aux saisons.**

★

juillet ● ● hiver

novembre ● ● printemps

janvier ● ● été

avril ● ● automne

Janvier	
Février	
Mars	
Avril	
Mai	
Juin	
Juillet	
Août	
Septembre	
Octobre	
Novembre	
Décembre	

☐ hiver
▨ printemps
☐ été
▩ automne
— changement de saison

← **20 mars**
(début du printemps)

← **21 Juin**
(début de l'été)

← **23 Septembre**
(début de l'automne)

← **21 Décembre**
(début de l'hiver)

2 **Complète en indiquant la date.**

★★

a. Le printemps commence le

_____ .

b. L'automne commence le

_____ .

Histoire

3 **Observe les photographies puis coche les bonnes réponses.** ✖

★★

A. Le printemps
a. Les feuilles tombent. ☐
b. Les arbres sont en fleurs. ☐

B. L'été
a. Il fait chaud, on se baigne. ☐
b. On s'habille chaudement. ☐

C. L'automne
a. Les fleurs poussent. ☐
b. Les feuilles tombent. ☐

D. L'hiver
a. Les arbres sont en fleurs. ☐
b. Le village est enneigé. ☐

3 Les générations passées

Histoire

Je retiens l'essentiel

● Une génération regroupe des personnes ayant à peu près le même âge. **Une famille comprend souvent trois générations** : les enfants, les parents, les grands-parents.

● **Il y a cinquante ans**, les grands-parents d'aujourd'hui étaient des enfants. Leur vie était bien différente de celle que nous connaissons aujourd'hui.
À **cette époque**, vers 1950, il y a peu d'automobiles, on se déplace à bicyclette, en train ou en voiture à cheval. Dans les habitations une seule pièce est chauffée par un poêle et l'eau chaude n'arrive pas au robinet.
Les téléviseurs sont rares. Depuis, de nombreux progrès ont transformé le mode de vie des gens.

Je comprends comment faire

> **pour reconnaître un lien de parenté**

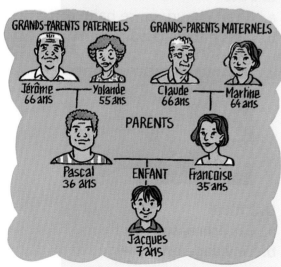

● **J'observe l'arbre généalogique.** Les grands-parents sont placés sur une ligne en haut des branches de l'arbre. Les parents se trouvent au-dessous, sur une autre ligne. L'enfant se tient plus bas, au pied de l'arbre.

● **Je lis l'arbre généalogique.** Françoise est la mère de Jacques. Pascal est son père. Yolande est sa grand-mère.

1 Observe la photographie puis relie les personnes à la génération
★ qui convient.

a. ●   ● génération des
               grands-parents

b. ●   ● génération des
               parents

c. ●   ● génération des
               enfants

2 Lis le texte et écris les noms qui manquent sur l'arbre généalogique.
★★★

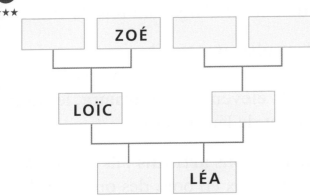

René et Zoé sont les
grands-parents paternels
de Théo et Léa.

Loïc et Laure sont les
parents de ces deux
enfants.

Paul et Rose sont leurs
grands-parents
maternels.

3 Observe les photographies et écris pour chacune d'elles un des
★★★ mots suivants : autrefois ou aujourd'hui.

a. _____

b. _____

c. _____

d. _____

Histoire

OBJECTIFS

Connaître le mode de vie des Gaulois.

Se familiariser avec la notion d'époque historique.

Histoire

Je retiens l'essentiel

● Il y a deux mille ans, **la France** s'appelait **la Gaule**.

● Les Gaulois vivent en **tribus** : ce sont des groupes d'hommes, de femmes et d'enfants qui vivent en un même endroit et obéissent à un même chef.

● Dans les villages, les familles habitent des **huttes** : ce sont des maisons de bois et d'argile au toit de chaume.

● Les Gaulois sont des **cultivateurs** : ils sèment et récoltent le blé et l'orge. Avec la farine, ils préparent les galettes de leur repas. **Ils élèvent des animaux**, les font travailler et se nourrissent de leur viande.

● Les Gaulois sont de très bons **artisans** : ils tissent la laine, fabriquent des tonneaux en bois, des **outils** en fer, des pots en terre cuite.

Je comprends comment faire

➤ **pour commenter une statue**

● **Je décris.** Cette statue en pierre représente un paysan gaulois. Il porte un pantalon serré aux genoux et aux chevilles, une longue chemise appelée tunique et un manteau à capuche.

● **Je compare.** Les vêtements de ce Gaulois sont très différents de ceux d'aujourd'hui. Ils sont épais, chauds et solides.

Un paysan gaulois.

Je m'exerce

1 Complète les phrases avec les mots suivants :
★ **tonneaux – Gaulois – huttes – tribu.**

a. Les habitants de notre pays s'appelaient les _____.

b. Chaque Gaulois fait partie d'une _____.

c. Les Gaulois habitent des _____ couvertes de chaume.

d. Ils savent fabriquer des _____ en bois.

2 Observe ce document et écris **V** (Vrai) ou **F** (Faux) en fin de
★★ phrase.

Le transport du vin.

a. Les Gaulois fabriquent des chariots à roues. _____

b. Ces chariots sont tirés par des animaux. _____

c. Le chariot transporte une malle remplie de poteries. _____

3
★★

Une hutte gauloise.

Observe la hutte et coche les bonnes réponses. ✗

a. Les Gaulois habitent des huttes. ☐
b. Les huttes sont couvertes de tuiles. ☐
c. La hutte a des fenêtres. ☐
d. Les murs sont faits de bois et d'argile. ☐

4 Réponds oralement aux questions.
★★★ a. Où se trouve la barque ?
b. Qui tire la barque ?
c. Qu'utilisent-ils pour tirer ?
d. Que fait l'homme à l'arrière du bateau ?

Barque chargée de tonneaux sur la Durance.

1 Le temps qu'il fait

Géographie

Je retiens l'essentiel

● Pour **connaître le temps qu'il fait, on regarde le ciel.**
Un ciel bleu, dégagé, annonce un temps sec, ensoleillé.
Un ciel couvert, chargé de nuages bas, annonce des
pluies, de la neige ou de la grêle.
Le temps qu'il fait dépend du **vent** : de sa force, et de sa
direction. Il dépend aussi de la **température** : il peut
faire chaud ou froid.

● **L'homme a mis au point des instruments** pour
mieux connaître et **prévoir le temps** :
– le thermomètre mesure la température de l'air ;
– la girouette donne la direction du vent ;
– le pluviomètre indique la hauteur d'eau tombée.
La **météorologie** nationale étudie et prévoit le temps.

Je comprends comment faire

▶ **pour reconnaître quelques symboles météorologiques**

1. Je regarde les dessins.
Quatre dessins
représentent la pluie,
les nuages, le soleil,
les éclaircies.
**2. Je découvre leur
signification.** Chaque
dessin remplace un mot
précis : ce sont des
symboles. Ils sont faciles
à utiliser pour indiquer
le temps qu'il fait.

1 Complète chaque phrase avec l'un des mots suivants :
★ la pluie, le vent, le soleil.

   a. Le ciel est clair, dégagé ; _____ brille.

   b. Le ciel est nuageux ; _____ menace.

   c. Les arbres sont penchés. Ils sont poussés par _____ .

2 Écris sous chaque photographie l'une des expressions suivantes :
★★ ciel dégagé – ciel nuageux – vent fort.

a. _____   b. _____   c. _____

3 Écris à la place qui convient chacun des noms suivants :
★★★ un thermomètre – une girouette – un pluviomètre.

a. _____   b. _____   c. _____

4 Relie chaque instrument au renseignement qu'il donne.
★★★

   la girouette ●   ● la température

   le thermomètre ●   ● la hauteur de pluie

   le pluviomètre ●   ● la direction du vent

Géographie

2 | # Le paysage

Géographie

Je retiens l'essentiel

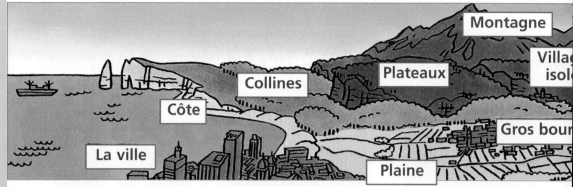

Montagne

Villa
isol

Plateaux

Collines

Côte

Gros bour

La ville

Plaine

● Le paysage est créé par la nature et par l'homme.
Les paysages sont très variés. Il y a des côtes, des plaines,
des collines, des plateaux, des montagnes et des villes.

● À la campagne, les habitants sont des ruraux ; à la ville
ce sont des citadins.

Je comprends comment faire

➤ **pour décrire un paysage**

1. Je compare les deux photographies.
L'hiver, les skieurs descendent les pistes
enneigées. L'été on peut se promener à
cheval dans les hautes herbes.

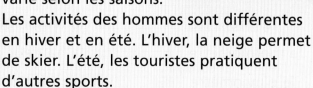

2. Je conclus. Le climat
varie selon les saisons.
Les activités des hommes sont différentes
en hiver et en été. L'hiver, la neige permet
de skier. L'été, les touristes pratiquent
d'autres sports.

1 **Écris sous chacune des photographies, l'un des mots suivants :**

★ une plaine – des collines – une ville.

a. _____

b. _____

c. _____

2 **Complète les phrases à l'aide des mots :** montagne – côte – plaine.

★★ a. Les bateaux de pêche s'éloignent de la _____ .

b. L'hiver, ceux qui font du ski se rendent à la _____ .

c. Les agriculteurs utilisent de puissantes machines dans cette

vaste _____ .

3 **Observe la photographie et coche les bonnes réponses.**

★★ a. Cette photographie présente : le marché ❑, un bord de mer ❑.

b. On reconnaît : une plage ❑, un port ❑.

c. On voit : des voiliers ❑

des bateaux de pêche ❑.

d. Sur le quai, on vend :

du poisson ❑,

des légumes ❑.

e. Sur le quai, se trouvent :

des touristes ❑,

des pêcheurs ❑.

Géographie

3 La carte de France

Je retiens l'essentiel

● **La carte** de France est un dessin qui montre la forme du pays.

● Le trait noir représente **la côte** : la France est bordée par trois mers et un océan.
Les pointillés indiquent les limites entre les pays : **les frontières**.
Les points rouges indiquent **des grandes villes**.

Je comprends comment faire

➤ **pour lire une carte**
Je regarde la légende.
→ Les régions basses occupent une grande partie de la France. Ce sont des plaines (en vert) et des collines (en jaune).
→ Cinq grandes montagnes occupent le reste du pays. Les régions montagneuses les plus élevées sont en brun foncé et les plus basses sont en brun clair.
→ Les lignes bleues représentent les quatre grands fleuves de France.

1 Observe la carte du bas de la page 116 et continue à relier
★ les mots.

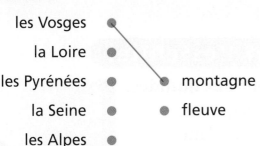

les Vosges

la Loire

les Pyrénées   montagne

la Seine   fleuve

les Alpes

le Rhône

2 Observe la carte du haut de la page 116, pour compléter la liste
★ des pays qui bordent la France.

Belgique – Luxembourg – _____ – Suisse –

_____ – Espagne

3 Observe les cartes et écris __V__ (Vrai) ou __F__ (Faux) à côté de
★★ chaque phrase.

a. La Seine se jette dans la mer de la Manche. _____

b. Les eaux du Rhône s'écoulent dans l'océan Atlantique. _____

c. La Loire se jette dans l'océan Atlantique. _____

d. La Garonne s'écoule dans la mer Méditerranée. _____

4 Observe les cartes et écris __V__ (Vrai) ou __F__ (Faux) à côté de
★★★ chaque phrase.

a. Marseille se trouve sur le bord de la mer Méditerranée. _____

b. Nice est située sur le bord de l'océan Atlantique. _____

c. Nantes se trouve sur le Rhône. _____

d. Lyon est situé sur la Garonne. _____

e. Paris se trouve sur la Loire. _____

Géographie

Physique

Je retiens l'essentiel

• L'eau, les boissons sont **des liquides**. On les garde dans des récipients. La surface d'un liquide est plane et horizontale, comme la surface d'un lac.

Lac Leman

• Les objets sont **des solides**. Ils ont chacun une forme et on peut les saisir. Certains solides sont formés de tout petits grains : le sel, le sable, la farine, etc. Ils peuvent couler, comme les liquides, mais leur surface n'est ni plane ni horizontale.

Grains de sel

• **Changements d'état**
Le chocolat, le beurre ou la bougie chauffés fondent. Ils passent de l'état solide à l'état liquide : c'est la **fusion**. Quand un corps à l'état liquide devient solide en se refroidissant, c'est la **solidification**.

Je comprends comment faire

➤ **pour vérifier si une table est horizontale**
• Dans les bols posés sur la table, la surface de l'eau est horizontale. Si le rebord du bol est incliné par rapport à cette surface (dessin A), la table n'est pas horizontale. Sur

A

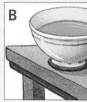

B

le dessin B, le bol n'est pas incliné : la table est horizontale.

Je m'exerce

1 Écris **L** à côté du corps coloré s'il est liquide. Ecris **S** s'il est solide.
★

2 Tous ces récipients sont posés sur une table horizontale.
★★ Ils contiennent de l'eau jusqu'au point.
Trace la surface de l'eau dans chacun de ces récipients.

3 Écris sur chaque étiquette le nom du changement d'état.
★★★ **Pour quel changement le chocolat doit-il être chauffé ?**

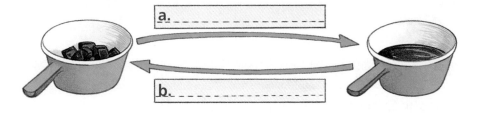

a._____

b._____

4 Entoure les récipients qui contiennent un solide en grains.
★★★

2 L'eau autour de nous

Je retiens l'essentiel

● **L'eau liquide** est présente partout. L'eau des mers et des océans est salée. L'eau douce tombe du ciel sous forme de **pluie**, elle crée des ruisseaux et des rivières. Elle s'enfonce parfois dans le sol et ressort sous forme de **source**. L'eau du robinet provient des rivières ou des sources. Une usine la rend **potable**, pour la boire sans danger. Quand il fait très froid, **l'eau** est à **l'état solide** : c'est de la **glace**. La **neige** est formée de cristaux de glace. À la maison, on fabrique de la glace en mettant de l'eau au congélateur. Quand la glace se réchauffe, elle fond et se transforme en eau liquide.

Je comprends comment faire

> **pour fabriquer des sucettes glacées**

1. Dans un pot de dessert vide et propre, mets de l'eau avec un peu de sirop de menthe.
2. Enfonce dans l'eau un petit bâtonnet récupéré sur une sucette du commerce, après l'avoir lavé. Tu peux le faire tenir au milieu du pot grâce à une bande de carton.
3. Mets le pot quelques heures au congélateur, puis déguste ta glace !

Physique

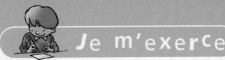
Je m'exerce

1 Lis ces mots en entoure-les en bleu quand il s'agit d' (eau liquide)
★ et en vert d' (eau solide).

mer – grêle – ruisseau – glace – pluie – givre – source – océan –

neige – rivière – glaçon – torrent

2 Réponds oralement aux questions.
★★
a. Comment appelle-t-on l'eau qu'on peut boire sans danger ?
b. D'où peut provenir l'eau qui coule au robinet ?

3 Ces six images racontent l'histoire d'un glaçon qu'on vient de
★★ sortir du congélateur et qui se réchauffe. **Remets-les dans l'ordre
en les numérotant de 1 à 6.**

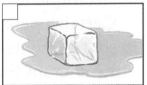

4 On vient de sortir ces quatre glaçons du congélateur. On les place
★★★ aux endroits dessinés.

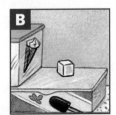

sur un radiateur   dans un   dans un   à température
                congélateur   réfrigérateur   ambiante

a. **Quel glaçon ne va pas fondre ?** _____

b. **Quel glaçon fondra le plus vite ?** _____

c. **Quel glaçon fondra le moins vite ?** _____

Sciences

3 Appareils électriques

OBJECTIFS

Reconnaître divers appareils électriques.

Connaître le branchement d'une ampoule sur une pile plate.

Physique

Je retiens l'essentiel

Nous utilisons tous les jours différents **appareils électriques**. Certains possèdent un **moteur** qui fait bouger quelque chose : voiture jouet, mixer, etc. Certains produisent de la **chaleur** : fer à repasser, etc. D'autres produisent de la **lumière** ou du **son** : lampes, télévision, etc.

Pour fonctionner, tous les appareils électriques doivent être alimentés en **électricité**.

À la maison, la plupart des appareils sont reliés à un cordon que l'on branche sur une **prise**. Le courant électrique fourni par les prises peut être dangereux. Certains petits appareils (lampe de poche, jouets...) sont alimentés par des **piles** placées à l'intérieur.

Le courant fourni par des piles n'est pas dangereux. Après un certain temps d'utilisation, la pile est usée.

Je comprends comment faire

▶ **pour allumer une ampoule avec une pile plate**

Pour allumer une petite ampoule avec une pile plate, il faut mettre en contact l'ampoule et la pile : une lamelle de la pile doit toucher le plot de l'ampoule, l'autre lamelle doit toucher la vis. Les deux lamelles sont les deux bornes de la pile. Le **plot** et la **vis** sont les deux **bornes** de l'ampoule.

On peut aussi relier les bornes de l'ampoule et de la pile par deux fils électriques.

ampoule — vis — plot

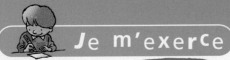

Je m'exerce

1 Entoure en bleu les objets qui ont (un moteur), en vert ceux qui
★ produisent de (la lumière) .
Puis coche ✗ les objets qui fonctionnent grâce à des piles.

2 Écris __V__ (Vrai) ou __F__ (Faux) à la fin de chaque phrase.
★★
  a. Il y a des piles dans tous les appareils électriques. ____

  b. Le courant électrique des prises est dangereux. ____

  c. Tous les appareils électriques à moteur se branchent

  sur une prise. ____

  d. Il existe différentes sortes de piles. ____

  e. Une ampoule possède quatre bornes. ____

3 Dans quels cas la lampe s'allume-t-elle ? _____
★★★

 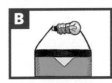  

4 Dessine des fils pour que les lampes s'allument.
★★★

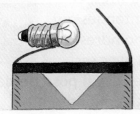 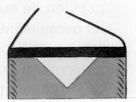

Sciences

Je retiens l'essentiel

● **Les organes des sens** nous informent sur le monde qui nous entoure. **La vue** nous renseigne sur la forme et la couleur des choses grâce à nos yeux. **L'ouïe** nous permet d'entendre les sons que les oreilles reçoivent.

L'odorat nous fait apprécier les odeurs que l'air transporte jusqu'à notre nez. **Le toucher** nous permet de sentir le poids d'un objet, s'il est chaud ou froid, doux ou rugueux. La peau qui rend possible tout cela est aussi sensible à la douleur. **Le goût** nous permet de reconnaître les saveurs sucrée, salée, acide ou amère grâce à notre langue.

Je comprends comment ça fonctionne

➤ **pour être bien informé**

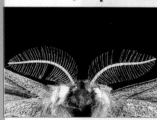

Les animaux ont parfois un sens plus développé que les autres. Le papillon de nuit a de longues antennes qui lui permettent de recevoir les moindres odeurs. Le faucon voit très bien avec ses deux grands yeux tout ronds. Le cheval possède des oreilles dressées qu'il peut orienter vers le moindre bruit.

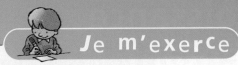

1 Coche la ou les bonnes réponses. ✗

✶ **a.** Quel sens nous permet d'apprécier une chanson ?

la vue ☐   l'ouïe ☐   l'odorat ☐

b. Que pouvons-nous à la fois sentir, voir, goûter et toucher ?

un tableau ☐   du sucre ☐

un chocolat chaud ☐   une salière ☐

c. Quel sens est particulièrement utile quand nous mangeons ?

le toucher ☐   l'ouïe ☐   le goût ☐

d. Grâce au toucher on reçoit des informations lointaines.

vrai ☐   faux ☐

e. Avec ses grandes oreilles, le lapin entend très bien ce qui se passe autour de lui.   vrai ☐   faux ☐

---

2 Réponds aux questions.

✶✶ **a.** Grâce à quoi le papillon peut-il sentir les odeurs ?

_____

b. Sur quel sens ne pouvons-nous pas compter quand il fait nuit ?

_____

c. Quel est le sens qui nécessite un contact avec l'objet ?

_____

---

3 Observe la scène et réponds aux questions.

✶✶✶ **a.** Quels sens sont utilisés par ce personnage ?

_____

b. Comment un aveugle peut-il apprécier la fleur ?

_____

c. De quel objet un sourd ne pourrait-il pas profiter ?

_____

Sciences

2 La croissance de l'enfant

OBJECTIF

Connaître
les transformations
du corps de l'enfant
et les besoins
nécessaires
à sa santé.

Biologie

Je retiens l'essentiel

- **On grandit quand on est jeune.**
À la naissance, un bébé mesure 50 cm
environ. À deux ans il est deux fois plus
grand. À six ans, les dents de lait sont
remplacées par des dents plus grandes
que l'on garde toute sa vie.
On grandit **jusqu'à l'âge de 18 ans**
environ. Au début, le lait de la
maman apporte tout ce dont le bébé
a besoin pour sa croissance. Le
médecin conseille par la suite une
alimentation variée, la pratique de
sports et une quantité suffisante de
sommeil.

Un nourrisson

Une enfant de
2 ans

Une enfant
7 ans

Je comprends comment ça fonctionne

▶ **pourquoi faut-il bien manger pour bien grandir ?**

- Pour construire une maison, il
faut des briques et du ciment. Notre
corps a aussi besoin de matériaux
de construction que l'alimentation
nous apporte. Comme aucun ne
doit manquer, l'alimentation doit
être suffisante et variée. Un enfant
a besoin de lait et de fromages, de
fruits et de légumes, de viandes ou
de poissons, de pain et de pâtes et
de boire de l'eau.

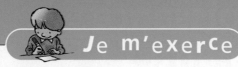

Je m'exerce

1 **Coche la bonne réponse** ✗

★ **a.** Quelle est la taille moyenne d'un bébé à la naissance ?
1 mètre ☐   50 centimètres ☐
un centimètre ☐   deux mètres ☐

b. À quel âge arrête-t-on de grandir ?
2 ans ☐   6 ans ☐   18 ans ☐

c. Les dents de lait sont les dents les plus grandes. vrai ☐ faux ☐

d. Un enfant a besoin de produits laitiers.   vrai ☐ faux ☐

---

2 **Réponds oralement à ces questions.**

★★ **a.** Qui fournit l'alimentation nécessaire à la croissance du bébé ?
b. Quels conseils le médecin donne-t-il pour bien grandir ?
c. De quoi est composée une alimentation variée ?

---

3 Pierre, Jérémie et Nathalie se sont mesurés depuis quatre ans avec
★★ des bandes de papier collées sur une feuille. Ils comparent leur
croissance.

a. **Qui est le plus grand ?** _____

b. **Qui est le plus petit ?** _____

c. **Ont-ils fini de grandir ?** _____

■ Pierre   ■ Jérémie   ■ Nathalie

150
100
50
0
3 ans   4 ans   5 ans   6 ans

---

4 **Peut-on voir des parties de notre corps grandir ?**
★★ Nos bras, nos jambes, notre torse grandissent
lentement. Poussant plus rapidement, les
ongles s'allongent de 1 millimètre et les
cheveux de 5 millimètres en une semaine.

a. Que doit-on faire régulièrement à nos ongles qui prouve qu'ils
poussent ? _____

b. Qu'est-ce qui pousse rapidement sur notre
tête ? _____

c. Que doivent faire les papas tous les matins
au cours de leur toilette ? _____

Je retiens l'essentiel

● Une graine contient une plante en miniature.
Placée dans une terre humide et aérée, la graine germe permettant à la plante de grandir. Des fleurs apparaissent : elles donnent des fruits contenant de nouvelles graines. Et tout recommence.

● **Une plante a des besoins**
Au début de son développement, la plante utilise les réserves alimentaires contenues dans la graine. Puis elle a besoin de l'eau venant des pluies, de la lumière du soleil et d'autres aliments qu'elle trouve dans la terre.

● **La croissance** des branches démarre au printemps, se poursuit en été. En hiver, elle s'arrête car il n'y a plus assez d'eau et de lumière solaire.

Je comprends comment ça fonctionne

➤ **comment les arbres poussent-ils ?**

Dans le bourgeon au bout d'une branche, un rameau miniature garni de feuilles reste à l'abri du gel pendant l'hiver. Au printemps, le bourgeon éclôt, s'ouvre, libère le rameau qui pousse, agrandissant la branche.

Biologie

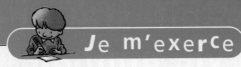

Je m'exerce

1 **Choisis la bonne réponse** ✗

⋆ a. Qu'est-ce qui permet d'obtenir une nouvelle plante ?
le fruit ❑   la graine ❑   le bourgeon ❑   le rameau ❑

b. Où le rameau reste-t-il à l'abri pendant l'hiver ?
dans le bourgeon ❑   dans la terre ❑   dans la graine ❑

c. La graine contient des aliments pour la petite plante.
vrai ❑   faux ❑

d. Les arbres grandissent pendant l'hiver.   vrai ❑   faux ❑

2 **Réponds oralement à ces questions :**

⋆⋆ a. Dans quoi faut-il mettre une graine pour qu'elle germe ?

b. Au cours de quelles saisons un arbre grandit-il ?

c. De quoi une plante a-t-elle besoin pour grandir ?

3 **Comment se déroule la vie d'une plante ?**

⋆⋆⋆ Chaque dessin représente une étape de la vie d'une plante.

En 1, il y a la graine ; pour savoir ce qu'il se passe ensuite, écris

dans l'ordre de 1 à 6 chaque étape de la vie de cette plante.

Sciences

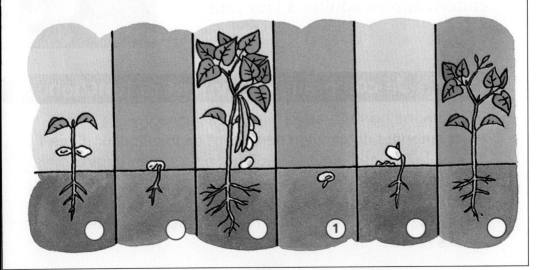

129   3 • La croissance des plantes

4 Les manifestations de la vie animale

Je retiens l'essentiel

- Les animaux se déplacent de diverses façons selon qu'ils vivent **dans l'eau, dans les airs** ou **sur terre**, avec des nageoires, des ailes ou des pattes.

- Pour chercher leur nourriture les animaux utilisent la vue, l'odorat ou l'ouïe. Les **végétariens** mangent des plantes et les **carnivores** d'autres animaux.

- À l'âge adulte, **les animaux donnent naissance** à des petits qui grandissent et deviendront adultes à leur tour.

Je comprends comment ça fonctionne

➤ **comment les animaux sont-ils informés ?**

Les antennes du papillon perçoivent de loin l'odeur d'une femelle et ainsi il peut la rejoindre pour se reproduire.

La chauve-souris utilise ses grandes oreilles pour capter les sons. Elle se déplace en repérant les insectes qu'elle capture.

Les yeux perçants de la buse repèrent facilement une souris dans l'herbe.

Biologie

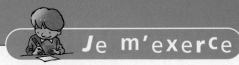

Je m'exerce

1 Coche la bonne réponse. ☒

★ **a.** Pour bien se déplacer dans l'eau il vaut mieux avoir des :

ailes ☐ nageoires ☐ pattes palmées ☐ sabots ☐ griffes ☐

b. Les animaux qui mangent de l'herbe sont des :

carnivores ☐   végétariens ☐

c. Les chauves-souris se déplacent grâce à une très bonne ouïe.

vrai ☐   faux ☐

d. Pour entendre, il faut avoir de grands yeux.   vrai ☐ faux ☐

---

2 Réponds oralement à ces questions :

★★ **a.** Grâce à quoi les animaux se déplacent-ils selon qu'ils vivent sur terre, dans l'eau, dans les airs ?

b. Qu'est-ce qui permet aux animaux d'être informés sur ce qui les entoure ?

c. À quel âge les animaux peuvent avoir des petits ?

---

3 Relie chaque nom d'animal au numéro de patte, aile ou nageoire
★★ correspondant.

pigeon ●

poisson ●

chat ●

grenouille ●

aigle ●

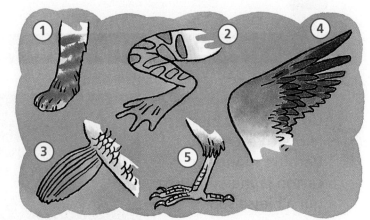

4 Indique pour chaque phrase, le ou les bons numéros de dessin.

★★★ **a.** Grâce à ce membre l'animal peut voler. _____

b. Ces pattes permettent de capturer des animaux. _____

c. Qui a cette patte est un bon nageur et un bon sauteur. _____

d. Quel membre convient le mieux pour nager ? _____

Sciences

4 • Les manifestations
de la vie animale

1 Vivre ensemble

Je retiens l'essentiel

● **Nous sommes tous différents** par notre taille, la couleur de notre peau, notre caractère ou nos habitudes. Accepter ces différences, **respecter** les autres, les écouter, c'est être tolérant.

● Des **règles de vie** ou de simple **politesse** sont nécessaires pour vivre ensemble agréablement, sans se gêner ni se quereller.

● **Bien vivre**, c'est aussi s'aider les uns les autres : cela s'appelle **la solidarité**.

Je comprends comment faire

▶ **pour bien jouer au football**

1. J'observe la photo.
Un joueur est blessé ;
le match est arrêté.
L'arbitre montre le
carton jaune au joueur
qui a blessé son
adversaire.
**2. Je découvre le rôle
des règles.** Si les joueurs
ne respectent pas les

règles du football, ils vont tout faire pour avoir la balle, peut-être même se battre entre eux. Les règles sont faites pour que les joueurs se contrôlent, évitent de faire des fautes : un match de football sans règles ça n'existe pas.

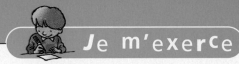

Je m'exerce

1 **Thomas et Simon respectent-ils les autres personnes ?**
★ **Réponds par oui ou par non.**

   a. Thomas dit bonjour en entrant dans le magasin. _____

   b. Simon déchire le livre que lui a prêté Jérôme. _____

   c. Dans la bibliothèque, Thomas lit sans faire de bruit. _____

   d. Simon bouscule des personnes sur le trottoir. _____

2 **Complète les phrases avec les prénoms : Simon ou Thomas.**
★
   a. _____ respecte les autres personnes.

   b. _____ ne respecte pas les autres personnes.

3 **Relie chaque phrase au mot qui convient.**
★★
   a. Chaque mercredi, Léo joue au football. ●

   b. Lorsque l'arbitre siffle, le jeu s'arrête. ●   ● une règle

   c. Le samedi, Julie va à la piscine. ●

   d. Elle ne doit pas courir près du bassin. ●   ● une habitude

   e. Les couteaux sont interdits en classe. ●

4 **Relie chaque mot à l'illustration qui convient.**
★★

   solidarité ●   ●   a.

   tolérance ●   ●   b.

   politesse ●   ●   c.

Je retiens l'essentiel

● Notre environnement, c'est ce qui nous entoure. C'est la nature : l'air, l'eau, les plantes, les animaux. C'est aussi ce que l'homme construit : les villages, les villes, les routes, les ponts, les monuments.

● Notre environnement appartient à tous les hommes : c'est un bien collectif. Pour que tous puissent en profiter, chacun doit le protéger. Ne pas abîmer les plantes, économiser l'eau, éviter de faire trop de bruit, embellir l'espace qui entoure sa maison, faire attention aux équipements publics sont autant de façons de participer à cette protection.

Je comprends comment faire

▶ **pour améliorer la qualité de l'environnement**

● Je participe activement à la protection des biens communs. Comme on le fait sur cette image, je jette les papiers dans la

poubelle. Je ne marche pas sur les pelouses ; je n'arrache pas de fleurs. J'apprends à mon chien à faire ses besoins dans les espaces aménagés pour cela. Je demande à mes copains de ne pas dessiner de graffitis sur les murs. Pour me déplacer j'achète mon ticket de bus et je contribue ainsi au bon fonctionnement des transports en commun.

Éducation civique

Je m'exerce

1 Coche les actions qui ne respectent pas les équipements de la ville.

★

a. Au jardin public, Tony arrache des fleurs. ❑

b. Anaïs lit une bande dessinée dans le bus. ❑

c. Au gymnase, Marie coupe le filet de tennis pour s'amuser. ❑

d. Nathan jette un flacon vide dans la poubelle. ❑

e. Bruno dessine sur les pages d'un livre de bibliothèque. ❑

2
★★

Les règles à respecter sont rappelées par des panneaux. **Relie chaque dessin à sa signification.**

a. Pour une plage propre, jetez vos déchets à la poubelle.

b. Pour éviter les incendies, il est interdit de faire du feu.

c. Pour la santé de tous, il est interdit de fumer.

d. Par mesure d'hygiène, les chiens sont interdits à l'intérieur du magasin.

e. Pour le repos des malades, il est interdit de faire du bruit.

3 Coche les dessins où Elise agit correctement pour protéger la
★★★ nature.

a. ❑   b. ❑   c. ❑   d. ❑

Éducation civique

Éducation civique

Je retiens l'essentiel

● **A la maison**, les outils, les appareils électriques peuvent être dangereux. Certains produits contiennent même du poison. Pour **ta sécurité**, avant d'utiliser un produit, un instrument, demande l'accord d'un adulte.

● **Dans la rue**, les cyclistes et les piétons, comme les automobilistes, sont dangereux s'ils ne pensent pas aux autres. Tu dois respecter **les règles de la circulation** : marcher sur le trottoir, traverser sur les passages protégés, tendre le bras à bicyclette avant de tourner...

● **Les policiers** contrôlent le respect des règles, **les pompiers** portent secours aux personnes en danger. Ensemble, ils assurent **la sécurité de tous**.

Je comprends comment faire

➤ **pour participer à la sécurité de chacun**

dans la rue   **à la maison**

Être calme et prudent, prendre conscience du danger, respecter des règles simples, cela évite de nombreux accidents et permet à chacun d'être en sécurité.

Je m'exerCe

1 **Complète avec l'un des mots suivants :** prudent – imprudent

★

a. Ce jardinier est

_____

b. Celui-ci est

_____

c. Ce grand frère est

_____

d. Celui-ci est

---

2 Sur les produits dangereux, des étiquettes symbolisent les
★★ différents dangers. **Relie chaque dessin à son explication écrite.**

a. Produit irritant. Il fait apparaître des rougeurs sur la peau.

b. Produit inflammable. Il prend feu facilement.

c. Produit corrosif. Il ronge les chairs et certaines matières.

---

3 **Observe ces deux scènes et colorie chaque phrase dans la couleur**
★★★ **qui convient, comme sur l'exemple.**

Les cyclistes roulent vite. ■   Ils avancent calmement. ■

a. Ils roulent en file ❏

b. Ils circulent côte à côte. ❏

c. Ils lâchent le guidon. ❏

d. Tous tiennent le guidon. ❏

e. Ils sont prudents. ❏

f. Ils sont imprudents. ❏

Éducation civique

1re séance de révisions

1
FRANÇAIS

Retrouve les mots et colorie-les.
a. pirate   d. limonade
b. robot   e. robe
c. botte

p	i	r	a	t	e	i	e	l
s	a	r	e	r	o	b	o	t
l	u	b	o	t	t	e	r	i
l	i	m	o	n	a	d	e	p
d	u	a	e	i	r	o	b	e

`/20` *Voir leçon : la syllabe avec l et r, p. 6-7*

2
FRANÇAIS

Entoure les noms de choses que tu peux manger.
a. tomate   carotte   gâteau
b. pâtes   tarte   rateau
c. moto   domino   poteau
d. olive   belote   limonade
e. bateau   chocolat   auto

`/20` *Voir leçon : le son o et ses différentes écritures, p. 8-9.*

3
MATHS

Sur une feuille séparée :
a. Indique le nombre de points de ce domino :
b. Écris huit en chiffres.
c. Écris 6 en lettres.
d. Écris le nombre d'objets de cette collection : ❧❧❧❧❧❧❧
e. Dessine 7 fleurs.

`/20` *Voir leçon : Les nombres de 0 à 10, p. 62-63.*

4
MATHS

Relie chaque chiffre au nombre de poires correspondant.
a. 5   🍐 🍐 🍐 🍐 🍐 🍐 🍐
b. 7   🍐 🍐 🍐
c. 2   🍐 🍐 🍐 🍐 🍐 🍐
d. 3   🍐 🍐 🍐 🍐 🍐
e. 6   🍐 🍐

`/20` *Voir leçon : Les nombres de 0 à 10, p. 62-63.*

5
GÉOGRAPHIE

Réponds oralement aux questions.
a. Que mesure le thermomètre ?
b. Qu'indique le pluviomètre ?
c. Qu'indique la girouette ?
d. Que fait la météorologie nationale ?
e. Comment appelle-t-on la bande de terre qui borde la mer ?

`/20` *Voir leçons : le temps qu'il fait ; le paysage p. 112 à 115.*

total `/100`   **Révisions**   138

Révisions

2e séance de révisions

1

FRANÇAIS

Colorie les mots en bleu quand tu entends (é) et en rose quand tu entends (è).

a. une télé   un pied   Noël
b. une poupée   le nez   la reine
c. une pelle   la marelle   un vélo
d. Jérémy   l'école   la forêt
e. la neige   marraine   jouer

/20 *Voir leçons : le son é, p. 14-15, le son è, p. 20-21*

2

FRANÇAIS

Colorie les **m** et les **n**.

a. un nuage, la cheminée   d. une tomate, un rhume
b. une image, un chemin   e. le pyjama, une moto
c. du fromage, une promenade

/20 *Voir leçon : les sons m et n, p.16-17*

3

MATHS

Fais ces exercices sur une feuille séparée.

Complète : a. 27 = ____ + ____ + 7
            b. 31 = ____ + 1
c. Quel est le chiffre des dizaines de 26 ?
d. Quel est le chiffre des unités de vingt ?
e. Écris vingt-neuf en chiffres.

/20 *Voir leçon : les nombres jusqu'à 31, p. 66-67.*

4

MATHS

Fais ces exercices sur une feuille séparée.

a. Écris en chiffres trente-deux.
b. Écris en lettres 21.
Complète : c. 34 = ____ + ____ + ____ + 4
            d. 66 = ____ + 6
            e. 55 = ____ + 5

/20 *Voir leçon : les nombres jusqu'à 69, p. 68-69.*

5

HISTOIRE

Réponds oralement aux questions.

a. Comment appelle-t-on les deux parties d'un jour ?
b. Nomme les sept jours de la semaine.
c. Quels renseignements trouve-t-on sur le calendrier ?
d. Cite les douze mois de l'année.
e. Nomme les quatre saisons.

/20 *Voir leçons : le temps qui passe ; l'année p. 104-107.*

Révisions

3e séance de révisions

1

Forme des mots à l'aide des syllabes suivantes :

pe ; ze ; tre ; pier ; ton

a. sou_____   d. on_____

b. pom_____   e. mon_____

c. co_____

/20 *Voir leçon : les sons ou et on, p. 18-19.*

2

Observe et continue à écrire de nouvelles phrases sur une feuille séparée.

> je peux – tu veux – il peut – elle peut – ils peuvent.
> je veux – il veut – elle veut – elles veulent.

Il veut conduire un bateau / je veux conduire un bateau.

a. Tu veux sauter à la corde ? / Elles

b. Je veux acheter ce jeu. / Il

c. Elle peut lire ce livre. / Ils

d. Il veut devenir dompteur. / Tu

e. Tu peux faire cette addition. / Elle

/20 *Voir leçon : le son e et ses différentes écritures, p. 24-25.*

3

Fais ces exercices sur une feuille séparée :

Complète : a. $50 = 10 +$ ____ $+$ ____ $+$ ____ $+$ ____

b. $97 =$ ____ $+ 10 +$ ____ c. $84 =$ ____ $+ 4$

Écris : d. soixante-quatorze en chiffres. e. 58 en lettres.

/20 *Voir leçon : les grands nombres, p. 70-71.*

4

Fais ces exercices sur une feuille séparée :

Complète : a. $74 =$ ____ $+ 10 +$ ____   b. $91 =$ ____ $+$ ____ $+ 1$

Écris c. 71 en lettres. d. soixante-quatre en chiffres.

e. Quelle est le chiffre des dizaines de 64 ?

/20 *Voir leçon : les grands nombres, p. 70-71.*

5

Coche les bonnes cases. Pour bien grandir et rester en bonne santé, il faut : a. – courir ❑ – regarder la télévision tard le soir ❑ **b.** – bien dormir ❑ – s'amuser ❑ – boire du vin ❑

Que faut-il manger et boire ?

c. – du poisson ❑ – des légumes ❑ – des bonbons ❑ – des fruits ❑

d. – de la crème au chocolat ❑ – du pain ❑   – du poulet ❑

e. – boire de l'eau ❑

/20 *Voir leçon : la croissance de l'enfant, p. 126-127.*

4e séance de révisions

1

FRANÇAIS

Complète ce tableau.

		f	ff	v	ph
a.	du café				
b.	une valise				
c.	un éléphant				
d.	de la farine				
e.	un chiffon				

/20 *Voir leçon : les sons f et v, p. 26-27*

2

FRANÇAIS

Devine.
a. On y voit beaucoup d'animaux.
b. Elle est parfumée mais elle pique.
c. On y voit des films.
d. Il vole haut dans le ciel.
e. Il ressemble au crocodile mais il est plus petit que lui.

l'oiseau la rose la télévision le zoo le lézard

/20 *Voir leçon : le son z, p. 30-31.*

3

MATHS

Compare les nombres : a. 4 ____9   **b.** 12 ____3
Complète par > ou < : c. 30 + 2 ____20 + 7
d. 50 + 8 ____60 + 14
e. Range ces nombres du plus petit au plus grand : 15   6   42

/20 *Voir leçon : comparer les nombres, p. 74-75.*

4

MATHS

Calcule a. 34 + 13.
b. Sur quelle case doit-on mettre un pion qui était sur la case 25 si on fait un 6 avec le dé ?
c. Dans un autocar qui transporte 32 passagers, 13 personnes montent. Combien de personnes sont alors dans l'autocar ?
d. 11 + 23 + 32. **e.** 40 + 45 + 13.

/20 *Voir leçon : quand faire des additions, p. 76-77.*

5

ÉDUCATION CIVIQUE

Réponds oralement aux questions.
a. Qu'appelle-t-on être tolérant ? b. Que doit-on respecter pour vivre ensemble sans se battre ? c. Qu'appelle-t-on l'environnement ? d. Cite trois panneaux d'interdiction.
e. Cite trois actions qui aident à protéger l'environnement.

/20 *Voir : vivre ensemble ; l'environnement, p. 132 à 135.*

Révisions

5e Séance de révisions

1
FRANÇAIS

Retrouve les mots et écris-les sur une feuille séparée.

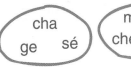

cha ge sé   man che di   ci ac dent   di mé ca ment   lo ppe en ve

a.   b.   c.   d.   e.

[20] *Voir leçon : le son an, p.32-33.*

2
FRANÇAIS

Colorie les mots en bleu quand tu entends (ch), en rose quand tu entends (j) et en vert quand tu entends (g).

a. un chien   une guenon   il rigole
b. fraîche   un légo   un catalogue
c. la jupe   une girafe   un pigeon
d. jaune   une baguette   une cachette
e. la glace   la chasse   la glycine

[20] *Voir leçons : les sons ch et j, p. 34-35, le son g, p. 36-37.*

3
MATHS

Pose et calcule sur une feuille séparée :
a. 34 + 25. b. 37 + 46. c. 22 + 13. d. 52 + 26. e. 63 + 12.

[20] *Voir leçon : l'addition, p. 78-79.*

4
MATHS

Sur une feuille séparée, calcule : a. 87 – 35. b. 63 – 22.
c. J'ai 12 crayons, j'en donne 3. Combien m'en reste-t-il ?
d. Anne achète un livre qui coûte 34 francs. Elle paye avec un billet de 50 F. Combien doit-on lui rendre ?
e. Karine a 11 ans et Olivier 6 ans. Combien d'années les séparent ?

[20] *Voir leçon : quand faire des soustractions, p. 80-81.*

5
PHYSIQUE

Réponds oralement à ces questions :
a. Qu'est-ce que l'eau potable ?
b. Comment appelle-t-on l'eau à l'état solide ?
c. Sous quelles formes l'eau solide peut-elle tomber du ciel ?
d. Qu'arrive-t-il quand de l'eau liquide se refroidit beaucoup ?
e. Comment s'appelle le changement d'état que subit la glace quand elle se réchauffe ?

[20] *Voir leçons : liquide, solide ; l'eau autour de nous, p. 118 à 120.*

6e séance de révisions

1 **FRANÇAIS**

Retrouve le mot puis écris-le sur une feuille séparée.

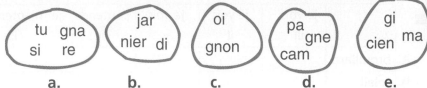

tu gna
si re

jar
nier di

oi
gnon

pa
gne
cam

gi
cien ma

a.　　　　　b.　　　　　c.　　　　　d.　　　　　e.

20 *Voir leçon : le son gn, p. 42-43.*

2 **FRANÇAIS**

Complète les mots en choisissant la bonne syllabe.

voi – tim – toi – poi – pein – lun – pin – cein – vain – fum – im – ben

a. _____ reau / par_____ / écri_____
b. _____ bre / sa_____ / _____ son
c. _____ ture / _____ re / _____ jamin
d. _____ di / _____ ture / _____ sson
e. _____ ture / é_____ le / _____ pressionnant

20 *Voir leçons : le son in ; les sons oi et oin, p. 38-41*

3 **MATHS**

a. J'ai 36 billes, j'en donne 15. Combien m'en reste-t-il ?
b. Kevin achète un jouet à 36 francs, il paie avec un billet de 50 francs. Combien va-t-on lui rendre ?
Complète : c. 12 + _____ = 42　　d. 5 +_____ = 17
e. Dans une boîte qui contenait 40 chocolats, il n'en reste plus que 12. Combien de chocolats ont été mangés ?

20 *Voir leçon : quand faire des soustractions, p. 80-81.*

4 **MATHS**

Calcule : a. 65 − 42 = _____　　　　b. 33 − 11 = _____
c. 23 + 10 + 10 + 10 + 10 = _____
d. 52 + 10 + 10 + 10 = _____　　　e. 41 + 19 = _____

20 *Voir leçon : ajouter et décompter, p. 82-83.*

5 **GÉOGRAPHIE**

Réponds oralement aux questions.

a. Comment appelle-t-on un paysage vallonné peu élevé ?
b. Quel paysage reçoit le plus de neige l'hiver ?
c. Cite trois pays limitrophes de la France.
d. Nomme trois mers et un océan qui bordent la France.
e. Comment appelle-t-on la limite entre deux pays ?

20 *Voir leçons : le paysage ; la carte de France, p. 114 à 117.*

Révisions

total | /100

7e séance de révisions

1 FRANÇAIS
Mets les croix dans les bonnes cases.

	je vois ill	je vois il	je vois y	j'entends (ille)	je n'entends pas (ille)
a. brouillard					
b. soleil					
c. bicyclette					
d. grenouille					
e. tranquille					

/20 *Voir leçon : le son ille, p. 44-45.*

2 FRANÇAIS
Complète les mots de ce texte avec oi ou oin.
Depuis un m_____s, mon cheval mange m_____s de f_____.
M_____, je m'inquiète car il reste tout seul dans son c_____.

/20 *Voir leçon : les sons eil, ail, euil, ouille, p. 48-49.*

3 MATHS
Place les pions sur la grille de l'exercice n° 4.
a. ● ⇒ A6   b. ● ⇒ B2   c. ● ⇒ C4
d. ● ⇒ D1   e. ● ⇒ E7

/20 *Voir leçon : quadrillages, p. 86-87.*

4 MATHS
a. Comment est repéré le point ● ?
b. Place le point ▲ repéré par C8.
c. En partant de ■ trace le chemin
codé par : → → ↓↓↓ → → ↑↑
d Comment est repéré le point △ ?
e. Place le point ○ repéré par B4.

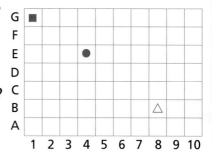

/20 *Voir leçon : les plans, p. 88-89.*

5 HISTOIRE
Réponds aux questions.
a. Comment sont chauffées les habitations vers 1950 ?
b. Comment se déplace-t-on ?
c. Qu'appelle-t-on une tribu ?
d. Comment appelle t-on la maison du Gaulois ?
e. Quels vêtements porte le paysan gaulois ?

/20 *Voir : les générations passées ; au temps des Gaulois, p. 108 à 111.*

Révisions

8e séance de révisions

1
FRANÇAIS

Souligne les phrases déclaratives en bleu, interrogatives en rouge et exclamatives en violet.

a. Ce sont les vacances d'été. **b.** Camille découvre l'Aveyron.
c. Qui vient faire une promenade ? **d.** Camille se précipite vers les pédalos. **e.** Quelle belle région !

20 *Voir leçon : la phrase, la ponctuation, p. 50-51.*

2
FRANÇAIS

Choisis les points . ? ! et place-les en fin de phrase.

a. Camille grimpe en haut de la colline
b. Marion est-elle revenue de sa promenade en pédalo
c. Quel beau temps pour les vacances
d. « Venez goûter », dit maman
e. Voulez-vous manger une glace sur le pont

20 *Voir leçon : la phrase, la ponctuation, p. 50-51.*

3
MATHS

Complète.

a. La figure verte un _____ .

b. La rouge est un _____ .

c. La bleue est un _____ .

d. Les points sont _____ .

e. Joins les points A, B, C, D.

20 *Voir leçon : les formes géométriques, p. 92-93*

4
MATHS

Dessine **a.** un rectangle. **b.** un triangle. **c.** un carré.
d. Trace une droite. **e.** Trace une ligne brisée.

20 *Voir leçon : les formes géométriques, p. 92-93*

5
BIOLOGIE

Lis cette histoire puis réponds oralement aux questions.

Histoire de la libellule : La libellule pond ses œufs dans l'eau. Des larves en naissent. La larve se nourrit d'animaux qu'elle capture. Trois ans après, une libellule ailée se forme, s'envole vers d'autres libellules. Elle se reproduit et pond ses œufs, puis meurt.

a. Comment se déplace la libellule ? **b.** Comment se reproduit-elle ? **c.** Est-elle végétarienne ou carnivore ? **d.** Quelle est sa durée de vie ? **e.** Quels sont ses deux lieux de vie ?

20 *Voir leçon : la vie animale, p. 130-131.*

total [ ] /100

Révisions

9e séance de révisions

1 FRANÇAIS
Continue à compléter les mots si nécessaire.

un joli bouquet → une jolie fleur
a. un grand garçon → un_____ grand_____ copine
b. une robe courte → un_____ pantalon court_____
c. un petit ballon → un_____ petit_____ balle
d. un heureux événement → un_____ heureu_____ nouvelle
e. un chant joyeux → un_____ ronde joyeu_____

`/20` *Voir leçons : masculin/féminin, singulier/pluriel, p. 52 à 55.*

2 FRANÇAIS
Complète chaque phrase avec le bon mot.

a. Le _____ rentre au port. **pêcheur / pêcheurs**
b. J'aime les _____ au ketchup. **frite / frites**
c. Son panier est plein de _____ . **cerise / cerises**
d. Marion adore les _____ à la crème. **gâteau / gâteaux**
e. Camille s'est écorché le _____ . **genoux / genou**

`/20` *Voir leçon : singulier/pluriel, p. 54-55.*

3 MATHS
a. **Complète :** _____ est plus _____ que _____
b. **Complète :** _____ mesure _____ cm.
Avec le plus petit nombre de pièces de 2 F et de 5 F comment obtenir : c. 14 F. d. 9 F. e. 11 F.

`/20` *Voir leçons : les mesures de longueur, la monnaie, p. 94-97.*

4 MATHS
Combien doit-on me rendre ?
a. J'achète du pain à 4 F avec une pièce de 10 F. b. J'achète le journal 7 F avec un billet de 50 F. c. J'achète des fruits à 15 F avec un billet de 20 F.
Comment obtenir avec le plus petit nombre de pièces ?
d. 13 F e. 26 F.

`/20` *Voir leçon : résolution de problèmes, p. 100-101.*

5 ÉDUCATION CIVIQUE
a. Indique le nom d'objets dangereux qui se trouvent à la maison.
b. Que contiennent certains produits dangereux ?
c. Que doit-on respecter lorsqu'on circule dans la rue ?
Quel est le rôle : d. des policiers ? e. des pompiers ?

`/20` *Voir leçon : la sécurité, p. 136-137.*

1
FRANÇAIS

Retrouve l'ordre des phrases et numérote-les de 1 à 5.
a. ☐ Toutes les deux vont profiter des vacances pour découvrir les peintres impressionnistes. b. ☐ Mamie l'attend à l'aéroport. c. ☐ Elles iront d'abord au musée d'Orsay. d. ☐ Camille prend l'avion pour Paris e. ☐ Puis, à Givergny, elles découvriront les jardins de Monet.

|20| *Voir leçon : ordre du récit, p. 58-59.*

2
FRANÇAIS

Sépare les mots de chaque phrase par un trait puis écris-la.
a. Camillejoueàlaballe. b. Marionaimebiensepromener.
c. Mamievaaumusée. d. Lecielestgrisaujourd'hui.
e. Camillemangeuneglace.

|20| *Voir leçon : la phrase, p. 50-51.*

3
MATHS

Trouve la question manquante au problème :
a. Eric achète un livre à 20 F et un stylo à 11 F.
b. Sophie achète un bonbon à 5 F. Le marchand lui rend 5 F.
c. Je paie avec une pièce de 20 F un achat de 13 F.

Complète d.

e.

■ est plus _____ que ●   ■ est aussi _____ que ●

|20| *Voir leçon : les masses, p. 98-99*

4
MATHS

J'achète 3 éclairs et 2 tartes. Chaque gâteau coûte 7 F.
Pour savoir combien je vais payer :
a. Que faut-il d'abord calculer ? b. Écris cette opération.
c. Écris la seconde opération pour connaître la somme dépensée.
d. Si je paye avec un billet de 50 francs, combien doit-on me rendre ? e. Comment obtenir la somme rendue avec le plus petit nombre de pièces ?

|20| *Voir leçon : résolution de problèmes, p. 100-101.*

5
PHYSIQUE

a. Cite trois appareils qui possèdent un moteur.
b. Un appareil électrique peut-il fonctionner sans électricité ?
c. Où branche-t-on le cordon d'appareil électrique pour qu'il fonctionne ? d. Où se trouvent les bornes sur une petite ampoule ? e. Combien de bornes a une pile ?

|20| *Voir leçon : appareils électriques, p. 122-123.*

Révisions

Français

Chapitre 2 page 7

3 la  l'  le

le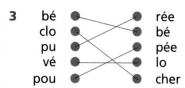

4 C'est **lundi**. Camille part à l'**école** avec sa grande sœur Marion. Elle a un **livre** dans son cartable et une petite **balle** bleue pour jouer dans la **cour**.

Chapitre 3 page 9

1 moto bateau château toboggan
□■ □■ ■□■ ■□□

2 Mots à barrer : pâte ; jeune ; boue.

Chapitre 4 page 11

4 (pl) : un pli ; il pleure. (p) : il parle ; un porc. (pr) : il est pris ; un pré.
(bl) : blesser ; bleu. (b) : beau ; le bas.
(br) : un bras ; une brise.

Chapitre 5 page 13

4 la **té**lé ; une route ; same**di** ; un ra**di**s ; le côté ; elle **d**onne ; **d**ans ; lun**d**i ; un tapis ; une cor**d**e ; une tasse ; la **tê**te.

Chapitre 6 page 15

1 téléphone météo télé pâté lutter
■□□□ □□■ ■□ □■ □■

2 Mots à barrer : pâtes ; qui ; pile ; cartable.

3 bé — rée
clo — bé
pu — pée
vé — lo
pou — cher

4 vous dessinez ; vous racontez ; vous viendrez ; voulez-vous.

Chapitre 7 page 17

1 banane ; natation ; narine ; tomate ; maman ; madame ; marraine ; promenade ; nager.
2 une marelle ; une mare

(colonne droite)

3 u — no
â — to
domi — ne
ani — mal
mo — ne

4 a. la lune ; b. le nid ; c. la reine d. une pomme ; e. les larmes.

Chapitre 8 page 19

2 Mots à barrer : tonne ; montre ; pompe.
3 Jérémy j**o**ue sur le bal**con** avec une voiture **rou**ge. T**out** à **c**oup, elle t**om**be et Jérémy ron**c**honne.
4 nous comptons ; nous chantons ; nous dessinons ; nous jouons.

Chapitre 9 page 21

1 un robinet ; un tabouret ; la semaine.
2 Mots à barrer : neige ; mère ; laine ; baleine.
3 Papa **et** maman font les courses. Camille **est** la petite sœur de Marion. La sorcière **est** vilaine. Camille **et** Marion dressent le couvert.
4 La n**ei**ge tombe dans la for**ê**t. Je rentre à la m**ai**son. Ma m**è**re a mal à la t**ê**te **et** mon p**è**re lui donne un ca**ch**et.
5 cher papa ; chère maman ; chère Camille ; cher papi ; cher Aurélien ; chère Marion.

Chapitre 10 page 23

1 Mots à barrer : loupe ; grêlon ; potiron ; cacao.
2 un poisson ; du poison ; le désert ; un dessert ; un coussin ; mon cousin ; ma trousse ; une tasse ; du tissu.
3 citron ; cime ; ciré ; salé ; salade.

Chapitre 11 page 25

1 couleuvre nœud bleu docteur
□□□■□□ □■□ □□■ □□□□■□

2 jeudi ; dompteur ; dehors
3 cheveux ; deux ; sœur ; bleu ; Camille ; fleur.
4 courageuse ; frileuse ; malheureuse ;

peureuse ; joyeuse ; paresseuse ;
merveilleuse ; lumineuse ; joueuse .

Chapitre 12 page 27

2 un vélo ; une photo ; une girafe.
3 des frites ; vivre.
4 a. le veau ; b. la pharmacie ;
c. la farine ; d. ville ; e. neuf ;
f. le coiffeur ; g. le vent.

Chapitre 13 page 29

1 avec ; arc ; car ; cave.
2 crocodile   ketchup   kangourou
■ ■ □   ■ □   ■ □ □

4

↱	cre	table	que	tre	pi
car		✗			
cir			✗		
su	✗				
qua				✗	
ké					✗

Chapitre 14 page 31

1 trapéziste   télévision
□ □ ■   □ □ □ ■

quatorzième   mimosa
□ □ ■ ■   □ □ ■

3 Mots à barrer : un spectacle ; rouge ;
une chemise.

4

	j'entends (z)	je n'entends pas (z)
je vois z	zorro douze zèbre	chez nez allez
je ne vois pas z	oiseau cousin	coussin sucre poisson

Chapitre 15 page 33

2 maman ; jambon ; novembre ;
pantalon ; endive ; enfant.
3 un ballon ; elle danse ; elle chante ;
du savon ; un pantalon ; une orange ;
un pont ; un rond.
4 a. les gants. b. des médicaments.
c. un éléphant. d. une enveloppe.

Chapitre 16 page 35

2 chameau ; girafe ; chasse ; cloche.
3 jambe ; pigeon ; écharpe ; moustache.
4 a. chat. b. girafe. c. nuage.
d. mouche. e. bouche. f. joues.

Chapitre 17 page 37

1 guitare   gâteau   figure   langue
■ □ □   ■ ■ □   □ ■ □   □ ■

dragon
□ □ ■

2 glace ; cravate ; église ; tigre ;
grimace ; grappe.
3 une bague ; regarder ; une guirlande.
4 pirogue ; figure ; catalogue.
5 un escargot ; une glace ; une vague ;
une marguerite ; les bagages ;
le guidon ; un cigare ; une bague ;
du muguet.

Chapitre 18 page 39

1 lapin ; train ; peinture ; faim ; timbre ;
mine.
2 peinture – copain – parfum.
3 écrivain ; maintenant ; lapin ;
peinture ; cousin ; médecin ; timbre ;
princesse ; ceinture ; parfum.

4

	j'entends (in)	je n'entends pas (in)
je vois in	le matin un marin	ma cousine
je vois ain	le bain du pain	une fontaine la laine
je vois ein	la peinture une ceinture	la peine
je vois un ou um	du parfum lundi	une

Chapitre 19 page 41

2 oiseau ; boire ; poire ; pointe ; coin ;
balançoire.
3 un couteau pointu ; une étoile ; une
ardoise ; coincer ; un couloir ; un coin ;
les bois ; mois ou moins.

4	che	re	ture	lon	te	moire	se
une poi		X					
un vio				X			
une poin					X		
la brio	X						
une poin			X				
l'ar	X					X	
une ardoi							X

Chapitre 20 page 43

1 araignée   magnétophone

montagne   baignoire

2 agneau ; araignée ; champignon ; peigne ; magnifique ; mignon.

3 une cigogne ; un peigne ; la Bretagne un prunier ; un jardinier ; un cygne ; une cuisinière ; un chignon ; un panier.

4	je vois g– gu	je vois gn	j'entends g	j'entends gn
la campagne		X		X
une guitare	X		X	
une araignée		X		X
une signature		X		X
une compagne		X		X
un guépard	X		X	
un cigare	X		X	

Chapitre 21 page 45

1 Mots à colorier : coquillage ; fille ; bille ; soyeux.

2 Mots à barrer : pile ; tranquille ; Marine ; bicyclette.

3 une chenille ; des pastilles.

4 des tenailles ; une feuille ; une abeille ; une grenouille ; gentille.

5 Je fais de la **bicyclette** dans la campagne. A l'horizon, le **soleil** se cache et il y a du **brouillard**. J'entends une **grenouille** qui coasse au milieu des **feuilles** mortes.

Chapitre 22 page 47

2 une épicière ; une charcutière ; une fermière ; une écolière.

3 a. Marion regarde la télévision en compagnie de son petit chien Cannelle et de son copain Julien.

b. Dans la rue, j'entends le klaxon des pompiers.

c. Dimanche, nous irons pique-niquer au bord de la rivière.

d. La cafetière dégage une bonne odeur de café.

e. « Veux-tu me passer la salière pour mes radis ? »

4 un avion ; un chien ; un pompier.

Chapitre 23 page 49

1 grenouille ; appareil ; abeille ; groseille ; chandail ; médaille.

2 Mots à barrer : pleine ; boule ; portrait ; sommeil.

3 a. feuilles ; b. groseilles ; corbeille ; c. portail ; Mireille ; d. écureuil ; e. réveil ; sommeil ; f. grenouilles ; feuilles.

4 une orteil ; une oreille ; la bataille.

Chapitre 24 page 51

1 Camille joue à la balle dans la cour.

3 a. Les enfants jouent dans la cour.

b. Camille est-elle avec eux ?

c. Oui, elle y est aussi.

d. Génial, je vais pouvoir jouer avec elle !

4 J'ai une dent qui bouge. Elle va tomber. Je la mettrai sous mon oreiller, pour la souris.

Chapitre 25 page 53

1 la fille ; la balle ; le cartable ; le gâteau ; la bougie.

2 un livre ; une maison ; un lit ; une pile ; une bicyclette.

3 chère Anaïs ; chère Margot ; chère Sophie ; cher Bruno ; chère Léa ; chère Nathalie ; cher Philippe ; cher Théo.

4 une robe neuve   un long chemin

une balle légère   un pull neuf

une corde longue   un léger bruit

une bonne tarte   un bon gâteau

5 a. frère ; b. oreilles ; c. rhume ; d. garçon.

Chapitre 26 page 55

2 a. lapin ; **b.** fraises ; **c.** journal ; **d.** pommes ; **e.** feu.

3 des fenêtres ouvertes ; une porte ouverte ; des gâteaux secs ; du linge sec.

4 Je voudrais me fabriquer **une** petite voiture. J'ai déjà trouvé **une** caisse, **des** roues et **des** clous. Je demanderai le reste à papa : **des** planches et **des** petites pointes. Il me faudrait aussi **une** petite ficelle.

Chapitre 27 page 57

1

2
[bande dessinée]

Chapitre 28 page 59

1 Camille fait les courses avec sa maman.

2 Un nouvel élève est arrivé ce matin à l'école.

3 1. Ce matin, maman m'a réveillé.

2. Puis, je suis descendu à la cuisine pour déjeuner.

3. Ensuite, je me suis habillé.

4. Un peu plus tard, je suis parti à l'école avec papa.

Mathématiques

Chapitre 1 page 63

1 7 • 8 • 4 • 5 •

2 5 : cinq 9 : neuf 4 : quatre 2 : deux
7 : sept 1 : un 0 : zéro 8 : huit

3 sept : 7 trois : 3 huit : 8 quatre : 4
zéro : 0 un : 1 six : 6 deux : 2
neuf : 9 cinq : 5

4 1 2 3 4 5

5 9 10 6

6
0	1	2	3	4	5	6	7	8	9	10

Chapitre 2 page 65

1 a. 10. b. 10. c. 5. d. 10. e. 5.

2 a. 1. b. 4. c. 3. d. 3. e. 9.

3 0 + 3. 1 + 2. 2 + 1. 3 + 0.

4
5 + 4 • 2 + 2 • 1 + 4 • 8 + 2 • 3 + 3 •
• 2 + 3
• 3 + 7
• 7 + 2
• 4 + 2
• 3 + 1

5
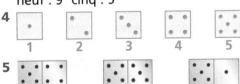

Chapitre 3 page 67

1
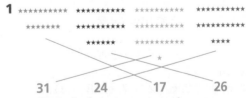
31   24   17   26

2 a. dix-huit. **b.** trente. **c.** quinze. d. vingt-neuf.

3 a. 17. b. 31. c. 23. d. 16.

4 a. 10 + 10. b. 10 + 10 + 10. c. 8. d. 10.

5 Dans l'ordre : 21, 18, 31.

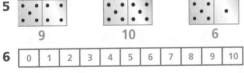

Corrigés

Chapitre 4 page 69

1

Dizaines	Unités
4	8
6	7
5	0

2 a. cinquante. b. soixante et un. c. quarante-trois.

3 a. 36. b. 42. c. 51. d. 28.

4 a. 45 = 40 + 5. b. 37 = 30 + 7. c. 43 = 10 + 10 + 10 + 10 + 3.

5 dans l'ordre : 36, 48, 56.

6 58.

Chapitre 5 page 71

1

Centaines	Dizaines	Unités
	7	8
	8	5
1	0	0
	9	1

2 a. soixante-dix-neuf. b. quatre-vingt-trois. c. quatre-vingt-dix-neuf.

3 a. 78. b. 89. c. 97.

4 a. 79 = 60 + 10 + 9. b. 83 = 20 + 20 + 20 + 20 + 3. c. 98 = 80 + 18. d. 93 = 80 + 10 + 3.

5 dans l'ordre : 76, 88, 98.

Chapitre 6 page 73

1 a. non. b. oui.

3 a. Il y a **moins** de ● que de ●.
b. Il y a **plus** de ● que de ●.
c. Il y a **autant** de ● que de ●.

4
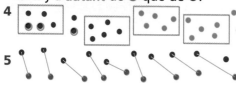

5

Il y a **plus** de ● que de ●.

Chapitre 7 page 75

1 16 < 22

2 a. 4 < 9. b. 12 > 7. c. 18 < 31. d. 24 > 20. e. 15 < 30.

3 28 est le plus grand nombre.

4 12 est le plus petit nombre.

5 18 < 32 < 43.

6 58 > 23 > 12.

7 a. 20 + 6 < 30 + 4. b. 10 + 10 + 10 + 9 = 30 + 9. c. 40 + 5 > 40 + 2.

Chapitre 8 page 77

1 a. non. b. non. c. oui : 4 cm + 3 cm = 7 cm. d. non. e. oui : 4 + 6 + 5 = 15.

2 a. Il y a 21 fleurs : 9 + 12 = 21. b. Il a dépensé 66 F : 46 + 20 = 66.

3 Le jeu de Pierre a le plus de points.

4 Jules a gagné aux fléchettes.

Chapitre 9 page 79

1
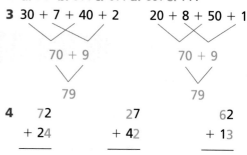

a.
$$45 + 23 = 68$$

b.
$$^129 + 63 = 92$$

c.
$$^137 + 23 = 60$$

2 a. 96. b. 57. c. 67. d. 89. e. 77.

3

30 + 7 + 40 + 2 → 70 + 9 → 79

20 + 8 + 50 + 1 → 70 + 9 → 79

4

$$72 + 24 = 96$$

$$27 + 42 = 69$$

$$62 + 13 = 75$$

Chapitre 10 page 81

1 a. Non. b. Non. c. Oui, on va lui rendre 17 F, soit 100 − 83 = 17. d. Non. e. Oui, 5 ans les séparent, soit 13 − 8 = 5.

2 a. 25 + 5 = 30. b. 40 + 30 = 70. c. 12 + 16 = 28.

3 a. 23 − 13 = 10. b. 55 − 20 = 35. c. 36 − 14 = 22.

4
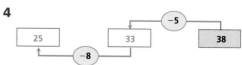

5 Le prix est de 73 F : 100 − 27 = 73.

6 Il avait 14 billes : 30 − 16 = 14.

Corrigés

Chapitre 11 page 83

1 a. $45 + 10 = 55$. b. $63 + 10 = 73$.
c. $87 + 10 = 97$.

2 a. $35 - 10 = 25$. b. $27 - 10 = 17$.
c. $49 - 10 = 39$.

3 a. $17 + 20 = 37$. b. $32 + 30 = 62$.
c. $11 + 20 = 31$.

4 a. $30 + 20 = 50$. b. $40 + 20 = 60$.
c. $50 + 40 = 90$.

5
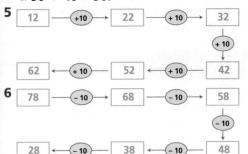

6

Chapitre 12 page 85

1 a. droite. b. gauche. c. derrière.
d. droite.

2

3
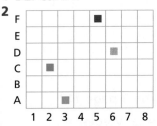

4 a. Karim. b. Louise. c. gauche.
d. droite.

Chapitre 13 page 86

1 D2. C8. B4.

2
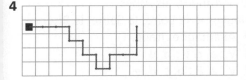

4

Chapitre 14 page 89

1

2 a. B9. b. Le stade.

3 a. B2. b. A1 c. A3.

Chapitre 15 page 91

2 a.

b.
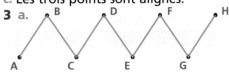

c. Les trois points sont alignés.

3 a.
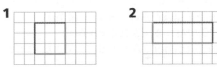

b. Je viens de tracer une ligne brisée.

Chapitre 16 page 93

1   **2**

3 a. Les carrés sont A, D et E.
b. Les rectangles sont B et C.
c. Les triangles sont F et G.

Chapitre 17 page 94

1 a. long. b. court. c. long.

2 C ; A ; F ; E ; D ; B.

3 a. 1 cm. b. 2 cm. c. 4 cm. d. 5 cm.
e. 3 cm.

4 Il y a deux solutions B1 et B2.

5 Elle mesure 14 cm : $2 + 5 + 1 + 6 = 14$.

Chapitre 18 page 97.

1 a. 17 F. b. 31 F. c. 10 F. d. 30 F.

2

3 a. 3 F. b. 4 F. c. 6 F. d. 6 F.

4 C.

Chapitre 19 page 99

1 a. léger. b. lourd.
2 a. lourd. b. lourd. c. léger.
3

4 Il y a deux solutions : soit le sucre et la lessive qui pèsent à eux deux 4 kg, soit que les pommes de terre.

Chapitre 20 page 101

1 Dans l'ordre : E ; B ; A ; C ; D.
2 Combien Pierre dépense-t-il ?
Il dépense 15 F : 8 + 7 = 15.
3

	Rouge	Vert	Bleu	Jaune
△	▲	▲	▲	▲
□	■	■	■	■
○	●	●	●	●

4 a. Il y a 20 passagers : 15 + 6 − 1 = 20.
b. 4 personnes sont descendues :
20 + 8 − 24 = 4.

Histoire

Chapitre 1 page 105

1 samedi, lundi, jeudi, lundi, vendredi.
2

3 a. avant. b. après.
4 V : a. c. F : b. d. e.

Chapitre 2 page 107

1 Juillet → été. Novembre → automne.
Janvier → hiver. Avril → printemps.
2 a. 20 mars. b. 23 septembre.
3 Il faut cocher : A : b. B : a. C : b. D : b.

Chapitre 3 page 109

1 a. génération des parents.
b. génération des grands-parents.
c. : génération des enfants.

2

```
RENÉ   ZOÉ      PAUL   ROSE
   └─┬─┘           └─┬─┘
   LOÏC            LAURE
      └────┬─────────┘
       THÉO   LÉA
```

3 a. b. autrefois. c. d. aujourd'hui.

Chapitre 4 page 111

1 a. Gaulois. b. tribu. c. huttes.
d. tonneaux.
2 V : a. b. F : c.
3 Il faut cocher : a. d.
4 a. sur la rivière. b. des hommes.
c. une corde. d. il dirige la barque.

Géographie

Chapitre 1 page 113

1 a. le soleil. b. la pluie. c. le vent.
2 a. vent fort. b. ciel dégagé. c. ciel nuageux.
3 a. une girouette. b. un thermomètre.
c. un pluviomètre.
4 La girouette → la direction du vent.
Le thermomètre → la température.
Le pluviomètre → la hauteur de pluie.

Chapitre 2 page 115

1 a. une ville. b. la plaine.
c. des collines.

2 a. la côte. b. la montagne. c. plaine.
3 a. un bord de mer. b. un port.
c. des bateaux de pêche. d. du poisson.
e. deux solutions : des touristes et des pêcheurs.

Chapitre 3 page 117

1 Montagnes → les Vosges,
les Pyrénées, les Alpes.
Fleuves → la Loire, la Seine, le Rhône.
2 Allemagne, Italie.
3 V : a. c. F : b. d.
4 V : a. F : b. c. d. e.

Physique

Chapitre 1 page 119

1 Liquides : eau en bouteille, eau dans le verre, eau du robinet.
Solides : crayon, bol et son contenu, ficelle, mouchoir.

2

3 a. fusion. b. solidification.
4 De gauche à droite : 2ᵉ, 3ᵉ et 4ᵉ récipients.

Chapitre 2 page 121

1 Eau liquide : mer, ruisseau, pluie, source, océan, rivière, torrent.
Eau solide : grêle, givre, glace, neige, glaçon.
2 a. eau potable. b. rivière ou source.

3

4 a. : B
b. : A
c. : C

Chapitre 3 page 123

1 Objets à moteur : perceuse, ventilateur, voiture-jouet.
Objets qui produisent de la lumière : lampe de chevet, télévision, lampe de poche.
Objets qui fonctionnent à piles : poste de radio, lampe de poche, voiture-jouet.
2 V : b. d. F: a. c. e.
3 A ; D.

4

Biologie

Chapitre 1 page 125

1 a. l'ouïe. b. un chocolat chaud. c. le goût. d. faux. e. vrai.
2 a. ses longues antennes. b. la vue. c. le toucher.
3 a. tous : le toucher, le goût, l'odorat, l'ouïe et la vue. b. par l'odorat. c. du juke box.

Chapitre 2 page 125

1 a. 50 cm. b. 18 ans. c. faux. d. vrai.
2 a. la maman en l'allaitant. b. Il faut une alimentation variée, du sport et une quantité suffisante de sommeil.
c. elle est composée de lait, de fromages, de fruits, de légumes, de viandes, de poissons, de pain, de pâtes...
3 a. Pierre. b. Jérémie. c. non.
4 a. on doit les couper. b. ce sont les cheveux. c. ils doivent se raser la barbe.

Chapitre 3 page 129

1 a. la graine. b. le bourgeon. c. vrai. d. faux.
2 a. dans une terre humide et aérée.
b. au printemps et en été. c. d'eau, de lumière et d'aliments du sol.

Chapitre 4 page 131

1 a. Il y a deux solutions : nageoires, pattes palmées. b. végétariens. c. vrai.
d. faux.

2 a. Sur terre : les pattes / Dans l'eau : les nageoires / Dans les airs : les ailes. b. l'odorat, l'ouïe, la vue ; c. à l'âge adulte.	**3** ①patte de chat. ②patte de grenouille. ③nageoire de poisson. ④ aile de pigeon. ⑤serres d'aigle. **4** a.④ b.⑤ c.② d.③

Éducation civique

Chapitre 1 page 133

1 a. et c. : oui. b. et d. : non.
2 a. Thomas. b. Simon.
3 a. une habitude. b. une règle. c. une habitude. d. une règle. e. une règle.
4 a. politesse. b. tolérance. c. solidarité.

Chapitre 2 page 135

1 Il faut cocher les actions a. c. e.
2
 d.
 b. e.
 a.
 c.

3 Il faut cocher les actions b. d.

Chapitre 3 page 137

1 a. prudent b. imprudent. c. imprudent. d. prudent.
2
 b. c. a.

3 Colorier en rouge : b. c. f.
Colorier en vert : a. d. e.

Révisions

Première séance, page 138

1

a.	p	i	r	a	t	e	i e l
b.	s	a	r	e	r	o	b o t
c.	l	u	b	o	t	t	e r i
d.	l	i	m	o	n	a	d e p
e.	d	u	a	e	i	r	o b e

2 a. tomate, carotte, gâteau b. pâtes, tarte d. olive e. chocolat
3 a. 7 b. 8 c. six d. 8 e. ♣♣♣♣♣♣♣
5 a. la température b. la hauteur de pluie c. la direction du vent. d. elle étudie et prévoit le temps e. la côte

Deuxième séance, page 139

1 a. une télé, un pied, Noël b. une poupée, le nez, la reine c. une pelle, la marelle, un vélo d. Jérémy, l'école, la forêt e. la neige, marraine, jouer.
3 a. 27 = 10 + 10 + 7 b. 31 = 30 + 1 c. 2 d. 0 e. 29
4 a. 32 b. vingt et un c. 34 = 10 + 10 + 10 + 4 d. 66 = 60 + 6 e. 55 = 50 + 5
5 a. la journée et la nuit b. lundi, mardi, mercredi, jeudi, vendredi, samedi, dimanche c. les jours, les semaines, les mois et les saisons d'une

année entière **d.** janvier, février, mars, avril, mai, juin, juillet, août, septembre, octobre, novembre, décembre. **e.** hiver, printemps, été, automne

Troisième séance, page 140

1 a. soupe **b.** pompier **c.** coton **d.** onze **e.** montre
2 a. elles peuvent **b.** il veut **c.** ils peuvent **d.** tu veux **e.** elle peut
3 a. 50 = 10 + 10 + 10 + 10 + 10 **b.** 97 = 80 + 10 + 7 **c.** 84 = 80 + 4 **d.** 74 **e.** cinquante-huit
4 a. 74 = 60 + 10 + 4 **b.** 91 = 80 + 10 + 1 **c.** soixante et onze **d.** 64 **e.** 6
5 a. courir **b.** bien dormir - s'amuser **c.** du poisson - des légumes - des fruits **d.** du pain - du poulet **e.** boire de l'eau

Quatrième séance, page 141

2 a. le zoo **b.** la rose **c.** la télévision **d.** l'oiseau **e.** le lézard
3 a. 4 < 9 **b.** 12 > 3 **c.** 30 + 2 > 20 + 7 **d.** 50 + 8 < 60 + 14 **e.** 6 15 42
4 a. 47 **b.** sur la case 31. **c.** 45 personnes. **d.** 66 **e.** 98
5 a. respecter les autres **b.** les règles de vie ou de politesse **c.** l'air, l'eau, les plantes, les animaux et aussi ce que l'homme construit **d.** les poubelles, les jardins publics, les transports en commun... **e.** économiser l'eau, embellir notre cadre de vie, éviter de faire du bruit...

Cinquième séance, page 142

1 a. séchage **b.** dimanche **c.** accident **d.** médicament **e.** enveloppe
2 a. un chien, une guenon, il rigole **b.** fraîche, un légo, un catalogue **c.** la jupe, une girafe, un pigeon **d.** jaune, une baguette, une cachette **e.** la glace, la chasse, la glycine
3 a. 59 **b.** 83 **c.** 35 **d.** 78 **e.** 75
4 a. 52 **b.** 41 **c.** 9 **d.** 16 F **e.** 5 ans
5 a. une eau qui peut être bue sans danger **b.** glace **c.** neige, grêle **d.** elle se solidifie et gèle **e.** la fusion

Sixième séance, page 143

1 a. signature **b.** jardinier **c.** oignon **d.** campagne **e.** magicien
2 a. poireau / parfum / écrivain **b.** timbre / sapin / poison **c.** ceinture / poire / benjamin **d.** lundi / peinture / poisson **e.** voiture / étoile / impressionnant
3 a. 21 **b.** 14 F **c.** 12 + 30 = 42 **d.** 5 + 12 = 17 **e.** 28 chocolats
4 a. 23 **b.** 22 **c.** 63 **d.** 82 **e.** 60
5 a. la plaine **b.** la montagne **c.** Allemagne, Italie, Espagne **d.** mer du Nord, Manche, Méditérranée, océan Atlantique **e.** frontière

Septième séance, page 144

1

	je vois ill	je vois il	je vois y	j'entends (ille)	je n'entends pas (ille)
brouillard	✗			✗	
soleil		✗		✗	
bicyclette			✗		✗
grenouille	✗			✗	
tranquille	✗				✗

2 Depuis un mois, mon cheval mange moins de foin. Moi, je m'inquiète car il reste tout seul dans son coin.

3

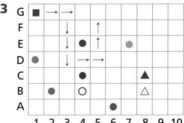

4 a. E4 **d.** B8
5 a. avec des poêles **b.** bicyclette, train, voiture à cheval **c.** un groupe d'hommes, de femmes et d'enfants qui vivent en un même endroit et obéissent à un même chef **d.** hutte **e.** un pantalon serré aux chevilles et poignets, une tunique, un manteau à capuche

Huitième séance, page 145

1 en bleu : **a. b. d.**
c. en rouge **e.** en violet
2 a. d. : (.) **b. e.** : (?) **c.** : (!)

3 a. carré **b.** rectangle
c. triangle **d.** alignés
e.

5 a. elle vole **b.** elle pond des œufs
c. carnivore **d.** environ 3 ans
e. eau et air

Neuvième séance, page 146

1 a. une grande copine
b. un pantalon court **c.** une petite balle
d. une heureuse nouvelle
e. une ronde joyeuse
2 a. pêcheur **b.** frites **c.** cerises
d. gâteaux **e.** genou
3 a. long **b.** 4 cm
c. 2 pièces de 5 F et 2 pièces de 2 F
d. 1 pièce de 5 F et 2 pièces de 2 F
e. 1 pièce de 5 F et 3 pièces de 2 F
4 a. 6 F **b.** 43 F **c.** 5 F **d.** 1 pièce de 10 F,
1 pièce de 2 F et 1 pièce de 1 F
e. 1 pièce ou un billet de 20 F, 1 pièce
de 5 F et une pièce de 1 F

5 a. outils, appareils électriques
b. du poison **c.** les règles de circulation
d. assurer la sécurité et le respect des
lois **e.** porter secours aux personnes en
danger

Dixième séance, page 147

1 a. dans l'ordre : d. b. a. c. e.

2 a. Camille joue à la balle. **b.** Marion
aime bien se promener. **c.** Mamie va au
musée. **d.** Le ciel est gris aujourd'hui.
e. Camille mange une glace.

3 a. Combien Eric a-t-il dépensé ?
b. Quelle somme Sophie a-t-elle donnée
au marchand? **c.** Combien doit-on me
rendre ? **d.** ■ est plus léger que ●
e. ■ est aussi lourd que ●

4 a. le nombre de gâteaux **b.** 3 + 2 = 5
c. 7 + 7 + 7 + 7 + 7 = 35

d. 50 – 35 = 15, soit 15 F

e. 1 pièce de 10 F et 1 de 5 F

5 b. non **c.** sur une prise **d.** sur le plot
et sur la vis **e.** deux

Corrigés

Table d'illustrations

107-hg	ph ©	Bouquet / DIAF
107-hd	ph ©	Guittot / DIAF
107-bg	ph ©	Gsell / DIAF
107-bd	ph ©	Biollay / DIAF
109-hd	ph ©	Dannic / DIAF
109-mg	ph ©	ND-Viollet
109-bg	ph ©	Froissardey / Explorer
109-md	ph ©	Boyer-Viollet
109-bd	ph ©	Zehor / Artone-DIAF
110-1	ph ©	collection Viollet
111-2	ph ©	AKG Paris
111-4	ph ©	Dagli Orti
113-hg	ph ©	Belly / DIAF
113-hm	ph ©	Garcin / DIAF
113-hd	ph ©	Hochman / DIAF
113-bg	ph ©	Le Scour / Jerrican
113-bm	ph ©	Archives Hatier photo Riby
113-bd	ph ©	Météo France
114-g-d	ph ©	Sommelet / DIAF

115-hg	ph ©	Moirenc / DIAF
115-hm	ph ©	Langeland / DIAF
115-hd	ph ©	Travert / DIAF
115-bd	ph ©	Gile / Rapho
118-h	ph ©	Pilloud / Explorer
118-b	ph ©	Agence Top
124-g	ph ©	Bahr / Bios
124-m	ph ©	Dif / Bios
124-d	ph ©	Ausloos / Bios
126-h	ph ©	Jorgensen / Petit Format
126-mg	ph ©	GPA / Petit Format
126-md	ph ©	Rombout / Petit Format
128-hd-bd	ph ©	Gérard / DIAF
128-bg	ph ©	Bringard / Bios
130-hg	ph ©	Bringard / Bios
130-hm	ph ©	Watts / Bios
130-hd	ph ©	Dennis / Bios
130-mg	ph ©	Klein / Bios
130-md	ph ©	Ittel / Bios
130-bd	ph ©	Delfino / Bios
132	ph ©	Photo News / Gamma

●●●

Conception graphique : Repères communication
Adaptation, réalisation : Ici & Ailleurs
Dessins : Ici & Ailleurs
Illustrations : Guillaume Decaux, Anne Teuf, Sandra Smith, Bruno Le Sourd
Iconographie : Hatier Illustration
Révision, correction : Francine Gaudard
Photogravure : AGS

Imprimé en France par I.M.E. - 25110 Baume-les-Dames
Dépôt légal n° 18624 - Janvier 2001

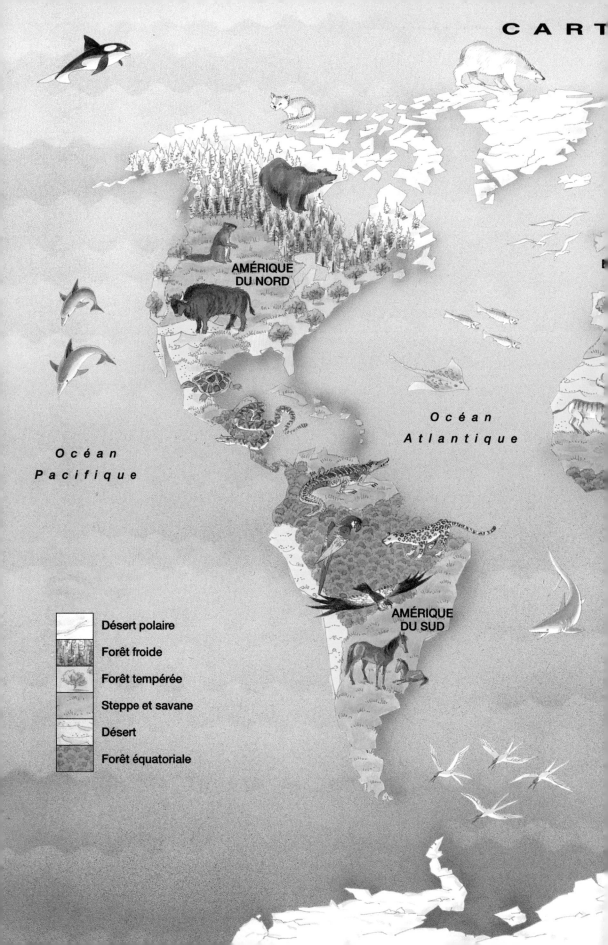

CART

AMÉRIQUE
DU NORD

AMÉRIQUE
DU SUD

Océan
Atlantique

Océan
Pacifique

Désert polaire

Forêt froide

Forêt tempérée

Steppe et savane

Désert

Forêt équatoriale